本田宗一郎

『原始人』的经营法则

［日］野中郁次郎 著

陈娣 译

夢を追い続けた
知的バーバリアン

新星出版社　NEW STAR PRESS

HONDA SOICHIRO
Copyright © 2017 by Ikujiro NONAKA
First published in Japan in 2017 by PHP Institute,Inc.
Simplified Chinese translation rights arranged with PHP Institute,Inc.through
Beijing Hanhe Culture Communication Co.,Ltd
Simplified Chinese edition copyright © 2019 New Star Press Co., Ltd.
All rights reserved.
著作版权合同登记号：01—2018—1540

图书在版编目（CIP）数据

本田宗一郎／（日）野中郁次郎著；陈娣译．——北京：新星出版社，2019.6
ISBN 978-7-5133-3570-6

Ⅰ.①本… Ⅱ.①野… ②陈… Ⅲ.①本田宗一郎(1906-1991)-生平事迹 ②汽车工业-工业企业管理-经验-日本 Ⅳ.① K833.135.38 ② F431.364

中国版本图书馆 CIP 数据核字（2019）第 083735 号

本田宗一郎

[日] 野中郁次郎 著；陈娣 译

策划编辑：杨英瑜
责任编辑：杨英瑜
责任校对：刘　义
责任印制：李珊珊
装帧设计：斑　马

出版发行：新星出版社
出 版 人：马汝军
社　　址：北京市西城区车公庄大街丙3号楼　　100044
网　　址：www.newstarpress.com
电　　话：010-88310888
传　　真：010-65270499
法律顾问：北京市岳成律师事务所

读者服务：010-88310811　　service@newstarpress.com
邮购地址：北京市西城区车公庄大街丙3号楼　　100044

印　　刷：北京美图印务有限公司
开　　本：787mm×1092mm　　1/32
印　　张：9.5
字　　数：170千字
版　　次：2019年6月第一版　2019年6月第一次印刷
书　　号：ISBN 978-7-5133-3570-6
定　　价：65.00元

版权专有，侵权必究。如有质量问题，请与印刷厂联系调换。

序

我只见过本田宗一郎本人一次。那是在1989年6月，我在本田财团发表关于"美国海军陆战队"的演讲。从我演讲的方向看去，观众席的左边坐着一位身材矮小的老人，他非常配合地听着我的演讲，总是在适当时机给我回应。他时而微笑，时而思考，时而做笔记，全神贯注地听着我的演讲。有这样的元老级制造商在场，我演讲的兴致也随之高涨起来。托他的福，我才能使出全力，轻松地结束本次演讲。

演讲结束后，他走到我身边，向我打招呼："我是本田，谢谢你的演讲。"之后很快转身走了。虽然这个过程只持续了几秒那么短暂，但却给我留下难以磨灭的印象。本田宗一郎当时已经82岁了，两年后便逝世了。

据说人在热切地听别人讲话时，"耳朵会竖起来"。不过本田宗一郎不仅会"竖起耳朵"，还会把整个身体都当作耳朵来用。所以，我认为想要理解宗一郎，最重要的关键词是"身体感知"。

在笛卡儿发表了著名的"我思故我在"的学说之后,"智能绝对主义",即大脑和身体处于分离状态,大脑不断支配着身体这种学说又覆盖了世界。不过根据最近的脑科学知识来看,该观点是错误的。

我们人类通过全身来感知外界的状况。全身都装配着重要的传感器。通过传感器,把那些感知到的东西综合起来概括为一个概念。负责这份综合工作的器官就是大脑。大脑和身体并不是像君主和家臣那样的上下级关系,两者就像同事一样,相互作用相互影响,而我们作为拥有大脑和身体的人,知识也就丰富起来了。

宗一郎是一个全身都是传感器的人,他想要运用五感去理解这个世界。

在他小学四年级时,第一次在他住的村子里看到汽车。汽车在村庄狭窄的道路上慢腾腾地行驶着,以孩子的脚力都能迅速追上汽车。他追着车尾跑了一会儿,车停的时候,汽油洒在了地上。那汽油的气味对于他来说奇幻无比,宗一郎将鼻子紧贴着机油狠狠地闻着,之后他还在手上涂满汽油,更加奋力地闻着,把机油的味道深深吸进肺里。自那以后,孩童时的宗一郎便在心里想着有一天自己也要制造汽车。(《本田宗一郎为梦想注入力量》17页)。

宗一郎一边闻着汽油的气味,一边梦想着将来能成为汽车制造商。这证明了他,是一位真正"用身体去感受的人"。

除了他少年时代的故事,我想介绍一则关于他的逸闻。

宗一郎刚踏入本田工厂的入口,便责怪了跟在他后面的焊接科科长。有目睹这一幕的人向科长询问其被责怪的原因,科长回答道:"因为社长听见锤子敲击车身的声音了。"焊接工厂应该只有火花的声音,那时却响起了铁锤的声音,而铁锤的声音大概是敲击、修改精度不好的零部件的声音。宗一郎只需稍微一听便能知晓其中的问题,可谓一语中的。(本田职员OB深津贤辅采访。另外,关于这一系列采访的经过和详细内容,请参照第三部的248页。)

此外,关于宗一郎感觉敏锐的逸闻还有很多。比如,宗一郎刚讲了停在十字路口边的汽车的发动机声音有些奇怪,结果汽车就如其所说的熄火了。又比如他能通过汽车尾气的味道判断出发动机存在故障等。在本田公司担任第二任社长的河岛喜好这样说道:"我们经常会感叹,他怎么连这种事情都知道,他在汽车工程方面的知识之渊博经常让我们吃惊不已。(此处有删减)这些应该是在现场以及现实生活中才能学到的吧。不仅仅是知识,从焊接到铸造等实践操作,方方面面他都是大师级别。与他相比,我们看起来只会纸上谈兵,实在是天壤之别。"(《本

田宗一郎为梦想注入力量》。33页）

大脑先行还是身体先行这一辩论，与理论先行还是实践先行这一辩论本质相通。当然，理论和实践都是相互作用的，由此创造出知识。若要说具体是哪个先行的话，我认为是实践，因为人类的历史是从个别具体的经验总结升华为普遍化知识的过程，而不是反过来的过程。

例如，作为普遍的真理之一的几何学，其发源地是饱受尼罗河泛滥之苦的古代东方国家。也就是说，由于河水泛滥，屡次冲刷土地导致土质受损，所以每次洪水过后，这些地区都必须制订新的土地规划。

因此，这些地方的测量术都相对先进。而几何学就是在这样的环境下应运而生的。它并非是由某一个天才在头脑中创造出来的东西，而是从"测量土地"的具体实践中衍生出来的普遍真理。宗一郎的想法也正是如此，这都扎根于其个别具体的亲身实践上。

下面简单说明一下这本书的构成。

第一部按时间顺序介绍了本田宗一郎的人生轨迹。从其幼年开始，到他成为汽车修理工再到创建本田公司，最后到将本田公司培养成世界著名的大企业。

第二部则如同使用"菜刀"一般，把宗一郎的领导能力一片片切开，多方面多层次向大家展示。

第三部中为了揭开宗一郎的真实面目，作者尝试从多个角度进行探索。我觉得现代"智能绝对主义"的领导人太多了，所以衷心盼望以本书为契机，能激发出更多以身体感知的思考方式，能全方面指挥员工的领导人。

在写作这本书时，我得到了荻野进介氏的大力协助。荻野进介氏在人力资源杂志《工作》（招聘工作研究所）的"成功的本质"系列开始连载后，在长达15年的时间里，一直坚持每两个月去现场采访一次，荻野进介就是所谓的共享隐性知识的伙伴。我还与他共同书写了2014年发行的《历史上最大的决断——指挥"诺曼底登陆作战"获得胜利的卓越的领导能力》（钻石社）。本书出版的顺利进行，离不开荻野进介的大力帮助。

另外，因为社长八乡隆弘氏与本田宗一郎一直保持着长期的亲密交往，所以他也给我们提供了有关宗一郎的丰富资料。八乡隆弘氏是由我从2008年开始主办的"知识·论坛"（代表日本的企业经营干部候选人的研修）的第一期的学生。在本书中记述的本田宗一郎故居便是由八乡氏带领我拜访的。

我也想感谢小林三郎氏，他在2005年制作了在本书第三部中提到的《本田技研工业采访》，他还是编著《本田创新的真髓》（日经BP公司）的作者。我在《本田创新的真髓》出版期间，还为此书写了推荐文章,并与小林氏保持长期的亲密交往。

最后,要衷心感谢从这本书的策划到出版一直对我表示支持和照顾的 PHP 研究所的丸山孝氏。

野中郁次郎

2017 年 4 月

目 录

第一部 详传

"用身体感知之人"的多彩一生
探索本田波澜万丈的快意人生

[编辑部注] / 003
Ⅰ. 幼年时期、青年时代——"用身体感知之人"的萌芽期 / 005
Ⅱ. 才能绽放——成为日本第一的摩托车生产厂家 / 025
Ⅲ. 挑战世界第一 / 049
Ⅳ. 投身四轮和"奔跑的实验室" / 071
Ⅴ. 英雄,迎来黄昏时代 / 088
Ⅵ. 真正有趣的只有工作 / 105

第二部　论考

本田宗一郎究竟是什么样的人
通过个人的经验编织普遍性的天才

Ⅰ. 实践型知识领导，六种能力 ／ 117

Ⅱ. 本田宗一郎的卓越实践知识 ／ 126

Ⅲ. 藤泽武夫卓越的实践性知识 ／ 171

Ⅳ. 纽带——本田宗一郎的核心 ／ 212

第三部　人物写照

超凡魅力的真实写照
为什么被吸引了，为什么生气了

Ⅰ. 本田技研工业采访——DNA 的再发现 ／ 231

Ⅱ. 从本田夫人看本田宗一郎 ／ 260

Ⅲ. 本田宗一郎在公司内部的"班长研修"上的讲话 ／ 267

"企业家本田宗一郎"简略年表 ／ 288

写在 PHP 经营丛书"日本的企业家"系列发行之际 ／ 293

第一部　详传

"用身体感知之人"的多彩一生
探索本田波澜万丈的快意人生

[编辑部注]

一、探索企业家的生涯之际,很多情况下都将在《日本经济新闻》上连载的"我的履历书"作为基础资料,不过到了本田宗一郎,1962年发行的《我的履历书》(日本经济新闻社)已经绝版,目前该书被收录在下列书籍中。

本田宗一郎[2001]《本田宗一郎为梦想注入力量——我的履历书》(日经商业人文库)。这本书是由日经商业人文库编辑而成,共分为两部。第一部是根据于1962年8月,由其本人在《日本经济新闻》上连载的"我的履历书"的内容编著而成,讲述1906—1961年本田宗一郎的经历,他当时55岁。第二部是编辑部对其56岁以后的经历,即1962—1991年经历的编著,而非本人编写。由于第一部、第二部描写了本田宗一郎的一生,所以我们在编写本书时使用了由本人参与的第一部。

二、本田技研工业股份有限公司(以下称本田)的公司史有两种。其一是创立7周年的公司史(正式的书名也是《公司史》),版权页的发行日是昭和三十年9月24日。由于该公司史在本田公司内部的现通称为"7年史",所以在本书中将其表记为《公司史(7年史)》。可以说这是了解本田公司的原型必备的资料。

其二是在创立50周年之际制作的公司史,正式名称是《想要继续讲述的事情——挑战的50年》。版权页的发行日为平成十一年3月25日。若想了解本田这个公司,这本书便是内容最丰富且正确的资料。另外,可以在本田公司的主页上浏览本书的一部分内容。

◎本田技研工业股份会社[1995],《公司史(7年史)》(该公司)

◎本田技研工业株式会社[1999],《想要继续讲述的事情——挑战的50年》(该公司)

I. 幼年时期、青年时代
——"用身体感知之人"的萌芽期

巧匠锻冶店主的长子

浜松市天龙区二俣镇在浜松站的东北偏北方向,两地相距大约19公里,坐车1小时左右就能抵达。天龙川从长野县的诹访湖发源,从中央阿尔卑斯和南阿尔卑斯之间穿过,正好在平原汇合。天龙川从小镇的西边流过,在向东弯曲的地方融汇了二俣川支流。战国时代德川家康的儿子信康为了占据这片要害之地,在山上修筑了二俣城,城墙上至今留有当时种的树篱。从江户时代以后,该地凭借着灵活运用天龙川的水运,以及作为从信州运来的木材的聚集地而逐渐繁荣起来。

从二俣城再往北走4公里左右便到达了船明地区(当时的地名是磐田郡光明村船明),1906年(明治三十九年)11月7日,本田宗一郎在这里出生了。

我让当地人领我去了他出生的地方。先走过一条不通车的羊肠小道，再爬上一个缓坡，便来到一片生长着稀疏的杂草和杉树林的一角。杂草丛生中唯有那方石砌的水井，才能证明曾经有人在那里居住过。宗一郎的父亲叫仪平，是个手艺高明的铁匠；母亲叫三科；奶奶是一个小贩，名叫去江。去江外出做生意时，到了一户农家，注意到了三科便心生欢喜，于是劝说三科的父母将女儿嫁给自己的儿子。此后，仪平和三科的长子宗一郎出生，后来又有了5个弟弟。宗一郎的名字是由爷爷寅市取的。"这个孩子一定会成为人上人。成为受人尊敬的人、大宗匠。"这个"宗"字和蕴含长子意思的"一郎"相结合，便是"宗一郎"这个名字的由来。[1]

去江是一位巾帼不让须眉的女中豪杰。虽是女人，却是一位能工巧匠，甚至还自己制作了织布机，以至于她在村子里被称赞为女甚五郎。寅市是去江第三个倒插门的丈夫。她的第一个丈夫与去江品性不合，并且没有一点上进心，最终分手。第二个丈夫因水难事故丧生。寅市因为体弱多病常常做不了多少农活，但他生活和工作都非常认真且诚实，于是这两人共结连理，生下了仪平。

宗一郎说自己的父亲其实非常严厉。父亲讨厌拐弯抹角，甚至都不能接受弯的烟袋锅。他不会应酬，也不会说一句恭维的话，论起正直与诚实，恐怕无人能及。当宗一郎做学徒的工作半途而废时,父亲便会厉声斥责:"你这种人还是辞职吧。"[2]
这样看来,宗一郎在后来能成为工作中的完美主义者,想必也是继承了仪平的品性。

仪平83岁离开了人世,并且提前为自己准备了墓碑,这也说明了他生活处事中对完美的追求。父亲离世时,宗一郎说了这样的话:

我操持父亲的葬礼时,对他表示深深的感激,因为我继承了父亲留给我的特别棒的遗产。那便是父亲直到去世,也没有给世间的任何一个人添过麻烦,也从没有被人记恨过。而我也正是因为坚信这些,才能在葬礼的会场上,开诚布公地、在心里不含任何杂念地,自然而然地低头。[3]

极度淘气的小学生

以下列举了些关于本田宗一郎的逸闻,不过这不仅是为了探究本田宗一郎的成长历程,还为了验证本田宗一郎这个人用"身体感知"的时候极多,他的成功都离不开这种特质,其余有关的详细情况会在第二部进行研究。我觉得,带着这样的观点,再重读其幼年时期的故事,会使本田宗一郎的核心形象更加清晰。

当宗一郎渐渐懂事的时候,他就开始摆弄那些放在仪平工作场所的废铁,并将其制作成一些好玩的东西。在他上小学之前，他的祖父经常背着他去附近的碾米店玩。宗一郎喜欢看店里发动机运转时的样子，也被咚咚嗒嗒的机器转动的声音所吸引，这种旋律在他听起来就像是美妙的音乐一样令他心情舒畅。此外，石油燃料的味道也令他欲罢不能。

1913年（大正二年），本田宗一郎在光明村立山东普通小学就读，他经常因为淘气而惹事。他和坏孩子们一起潜入西瓜地，在西瓜上打开一个大小能伸进去手的孔，把西瓜瓤挖出来吃，吃完把有洞的那面朝向地面放回去。在他们屡次"犯案"后，终于被西瓜地的主人发现，并告诉了他的父亲仪平，宗一郎便被他的父亲狠狠地批评了一顿。

他还潜入过附近的清泷寺，该寺庙颇有些历史。潜入寺庙后，他便和朋友们一起爬上柿子树和椎树，偷摘树上的果实。有一天，他们的行为被住持发现，住持便惩罚他们一起坐在本堂的地狱画前面。画中画有落入地狱的亡者们一边被针山扎得满身是血，一边还要被迫接着往上爬，还画着被放在锅里煮的亡者。"如果做坏事的话，死后也会受到这种惩罚。"住持露出恐怖的表情，瞪着他们讲道。从那以后，宗一郎本能地变得讨厌寺庙了。

清泷寺每天会敲几次钟，一到正午，以寺庙的钟声为信号，学校的教师和学生还有村民们都去吃午饭。有一天，宗一郎由于逃课在后山玩得太尽兴，以至于他不到中午便早早地饿了。

于是他便潜入寺院，爬上钟楼，"咚"的一声敲响了钟。村民以为已经是中午了，便开始准备午饭。宗一郎回家后，谎称学校临时停课，总算是提前吃到了午饭。不过不知后来被谁告了状，父亲还是知道了宗一郎的恶作剧并且严厉地批评了他。[4]

宗一郎还曾用磁漆涂料把学校饲养的红色金鱼涂成蓝色和黄色。在物理课上，他还提前把实验工具的磁铁取下来，故意看老师狼狈不堪、出丑的样子。

他就算回到家也没有停止捣乱。邻居家有一家石头店，店的角落里摆放着几个未完工的石地藏。宗一郎经常观察地藏的脸，他觉得地藏的鼻子怎么也不好看。于是便在脑海中想象理想中地藏鼻子的样子，幻想自己给地藏雕刻鼻子等，这个想法也一直在他的脑海中徘徊。终于，他趁着仪平工作不在家之际，拿上铁锤，走到邻居家的一块石地藏面前，开始随心所欲地创作。

但是石头比想象中要硬很多，宗一郎无法按照之前想象的样子雕刻。而且由于用力过猛，地藏的鼻子一下子就被他弄得缺了一块。宗一郎像兔子一样飞快地逃跑了。不过周围的人一致认为能做出这种恶作剧的人只有宗一郎，宗一郎发现无法赖账便向父亲坦白，然后又被父亲仪平狠狠地骂了一通。[5]

因伪造印章被老师批评

宗一郎特别讨厌习字和记这些字的读法,只擅长有机械、电池、试管等的理科,不过一到笔试就一点儿不会了,因为他讨厌写字,觉得写字太麻烦。他的手很灵巧,在制作东西和机器操作方面不输给任何人。此外他还沉迷于阅读立川文库,那是一部以讲谈和历史为题材、面向少年的文库本系列作品。

由于手很灵巧,宗一郎还做过这样的恶作剧:读写非常不擅长的宗一郎,成绩太差甚至连成绩单都拿不到。四年级的时候,宗一郎的考试没有及格。他知道父亲一定会大发雷霆,所以更加不想让父亲看到成绩单。

于是宗一郎想出一计。他从父亲生意中废弃的自行车(这个时候宗一郎一家从船明搬家,在二俣镇山东地区开了锻冶店和自行车店)的踏板上切下一块橡胶,在橡胶上雕刻出"本田"的字样,用它来伪造父亲的印章。之后他没让父母过目便用它在成绩单的规定栏上盖章,交还给了老师。

如果适可而止也就不会有麻烦了,但在朋友们的央求下,宗一郎有些得意忘形,便帮朋友也制作了印章。过了一段时间,老师在放学后留下了他们,审问伪造印章之事。究竟为什么会暴露了呢?原来,印章应该把文字反过来雕刻,但宗一郎所做的印章却是从正面雕成的。而本田两字因为是左右对称,即使从正面雕刻文字也不会发生改变,所以才一直没被发现。[6]

飞机和汽车的实物令他极度兴奋

在上小学时,宗一郎获得了一次观看飞机和汽车实物的宝贵体验。1914年(大正三年)秋,小学二年级的宗一郎听说浜松的步兵团运来了一架飞机,真的可以飞起来。虽然在画中看到过飞机,但因为没有见过实物,所以宗一郎迫切地"想看"。他觉得就算央求父亲也没用,不如靠自己去实现。于是宗一郎背着家人,早上拿着2钱(译者注:相当于1日元的百分之一)逃课,骑走了父亲的自行车,踏上了前往浜松的路。

由于是小学二年级,大人的自行车对宗一郎来说太大了。因此,够不到车座的宗一郎只能把一只脚伸进自行车下面的三角形空间里,保持着三角形骑车的痛苦姿势,骑向20多公里外的目的地。

不管怎么踩脚蹬还是到不了目的地。在宗一郎觉得一万年都过去了的时候,他终于到了,但当他真正到达时,却因为买不起门票而不知如何是好,但他也不甘心没看到飞机就回家。

很快他发现了旁边的松树。爬树对他来说是小菜一碟,于是他噌噌地爬上去了。虽然有些远,也总算看到了心心念念的阿特史密斯号飞机。虽然这个飞机只是一架装有引擎的简易滑翔机,但总归可以看到它在天空飞翔的样子,宗一郎感到非常满足。虽然回家的时候骑车的姿势没变,但他还是觉得比去的时候轻松多了。

回到家后,宗一郎不出所料地受到父亲仪平"你去哪儿了"的斥责,不过在听到他去看飞机时,仪平突然就停下来了,问道:"你真的看到了飞机吗?"大概仪平自己也想去看看吧。[7]

宗一郎特别想要一顶飞行员戴的那种鸭舌帽,便拜托仪平买一顶给他。他还想要飞行眼镜,便用纸箱给自己做了一副。宗一郎在自行车的前面装上用竹子制作的螺旋桨,又将鸭舌帽向后戴,还戴上了用纸箱做的飞行眼镜,便骑着自行车四处溜达[8],假装自己在驾驶飞机。

两年多的时间悄然而逝,转眼宗一郎读到了小学四年级。当他正在村子里的道路上走时,突然看到一个屁股冒着青白色烟的四方形的物体,这是他第一次看到现实中的汽车。这就是汽车!之后,宗一郎情不自禁地跟着汽车跑了起来。

从那以后,汽车每次来到村子里,宗一郎都推出自行车,像要把脚镫踩坏一样拼命地跟着,直到汽车行驶到村子的另一头儿。宗一郎最无法抵制汽油味的诱惑,如果路上有洒出的汽油,他会把鼻子贴上去。这是一种难以言喻的好闻的气味。从那个时候开始,宗一郎便想着用自己的双手去摆弄、驾驶汽车,他

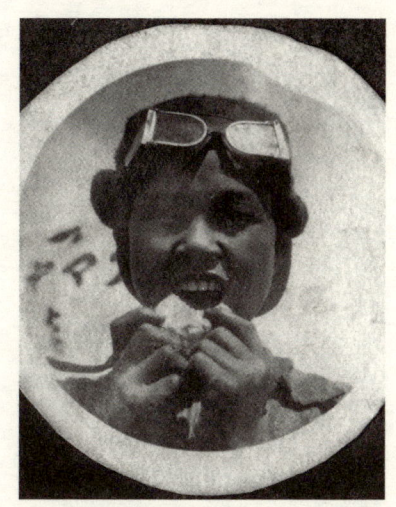

戴着自己制作的飞行眼镜 1914年

想要尽情地开着汽车飞驰[9]。

在东京的汽车修理厂做学徒

1919年（大正八年），宗一郎转到二俣镇镇立普通高等学校。和往常一样，他完全不想学习，便开始给从锻冶店转行的父亲仪平帮忙，在家帮忙修理自行车。仪平订阅了《车轮的世界》杂志，宗一郎也一期不落地跟着看。

从高等学校即将毕业的时候，宗一郎从那个杂志的广告栏里，看到了艺术商会这一东京的汽车修理工场发布的招聘广告，这就代表着他终于可以在东京从事自己憧憬的汽车工作了！

宗一郎喜欢的学科是图画和唱歌，所以他早已放弃读书升学的打算。喜欢艺术商会这一时髦名字的宗一郎，给艺术商会写了一封"我想要加入贵商社"的信件，不久便收到"来吧"的回信。

看到回信后，宗一郎便向父母坦白了自己想去东京的想法。虽然母亲显得有点闷闷不乐，但是父亲仪平讲道："你都说到这分上了"，便同意其前往东京。从高等学校毕业后，宗一郎便扛着柳条箱，与父亲一起从浜松坐火车出发了。[10]

对仪平来说，这也是他第一次去外地。在东京站下了火车，迈出第一步后，两人都惊讶于来往汽车数量之多。后来他们终于找寻到了位于本乡汤岛五丁目的艺术商会。仪平把宗一郎托付给了那边的主人——榊原侑三后，便一路走回到位于二俣镇的家。就这样，宗一郎在东京成为一名汽车修理工厂的学徒[11]。

然而，学徒生活与他预想的完全不同，甚至非常悲惨。他连一根手指都碰不到他憧憬的汽车，整天的工作净是照看榊原的孩子之类。他手上的既不是扳手，也不是铁锤，而是磨破的抹布。前辈们每天都会嘲笑他："你的背上画了一张地图哦。"地图是指他背着的婴儿尿在他背上之后留下的尿渍。

不知道他萌生了几次整理柳条箱,回故乡的想法。不过,当他一考虑到父母,就坚定了不能回去的信念。他想,如果连这些都忍耐不了而回去的话,父母肯定都会生气,也会感到非常失望。后来他又想:只要每天都能看到汽车,能看到汽车的修理、组装以及机器的构造就很幸福了。

半年多的大雪天气过后,主人榊原把宗一郎叫过来,对他说:"今天特别忙,你也穿上那边的工作服去帮忙吧。"

这句话是宗一郎日思夜想、梦寐以求的。他迅速穿上工作服,钻到吧嗒吧嗒滴着油的汽车下面。第一次的工作内容特别简单,就是把藏在车下面的雪除掉。即使面临着手被冻僵或是其他不利因素的阻挠,他也毫不在意,沉醉其中,坚持做完这些工作。

"你可真能干啊。"

榊原蹲在旁边看着他工作。从那以后,宗一郎照看孩子的工作就渐渐减少了;反之,穿着工作服修理汽车的工作在逐渐增多。[12]

宗一郎进入公司一年半后的1923年(大正十二年)9月1日,东京发生了大地震,也就是有名的关东大地震。虽然艺术商会的建筑幸免于难,没有倒塌,但其周围燃起的熊熊大火可能会蔓延到商会。如果烧到了保管的贵重汽车的话,后果将不堪设想。

"大家都去开车!会开车的把车一辆辆开到安全的地方!"

榊原如此大声喊道。宗一郎听到很高兴，坐进一辆修理中的汽车向街道开去。街道上有很多避难的群众，非常混乱，宗一郎开车的时候需要不停地找缝隙。这是他人生中第一次开车，所以开的一点儿都不顺利，甚至还挺惊险。不过当时手握方向盘的欢喜，对宗一郎来说是终生难忘的。

最终，火势的确蔓延到了艺术商会，宗一郎便与榊原的家人一起搬到位于神田站附近的高架桥下的工作场里。但只要一有空闲，他便骑着摩托车或开着汽车，在成为一片废墟的原野上飞驰。大家都损失惨重，所以没什么修理的工作。榊原让他给父母报个平安，他便给父母写了一封信。不过他每天都顾着开心地骑着摩托车或开着汽车，也完全顾不上故乡的事情了。[13]

迅速提高技术后也能修理消防汽车

有一天，宗一郎接到了一份他期待已久的工作。榊原听说有很多烧焦的汽车被荒废在芝浦的某个工厂里，于是他和主人协商，买下了所有的汽车。不过商社的15个修理工大都因为地震回了老家，所以修理的工作就只能交给宗一郎和他的一位师兄。宗一郎说[14]他们当务之急是先把汽车修到能开的程度，最后只要再刷一下漆，让旁观者看着像新车一样就可以了。榊原把修好的车开到一些地方，并以高价推销出去。因为这份工作，宗一郎成为修理厂中能够独当一面的修理工。

虽然宗一郎刚满 18 岁,但他的修车技术已经炉火纯青,因此榊原派他出差去完成一份重要的工作,就是"去盛冈修理消防车"。在此之前,宗一郎还没有去过东北地区。从上野坐火车,坐了十多个小时才终于到达目的地。接待他的人在看到他后流露出很失望的表情,讲道:"什么啊,原来是个毛头小子。"甚至住宿旅馆的女佣们也不把他当成远道而来的贵宾招待,只是让他住在女佣房旁边的一个狭窄房间。

第二天大家到了现场后,宗一郎开始拆解出现故障的消防汽车,此时负责人在一旁面露难色,担心地问道:"还可以这么拆解吗?"

宗一郎一边在心里想着"你们等着瞧吧",一边推进工作。他无视周围人怀疑的目光,顺利完成了组装。在试驾驶时,一直沉睡的消防车居然可以正常行驶了。

"噢,动了。水也出来了!"

此时宗一郎一脸得意。这都是因为他出色的修车技术,而出色的技术主要源于他在艺术商会做出的不懈努力。当天傍晚,回到旅馆后,他们便安排宗一郎入住了一间有壁龛的一等客房,一改之前被当成学术不精的毛头小子的待遇,甚至还主动为宗一郎准备了一壶酒,并特意安排了一位女服务员为他斟酒。宗一郎那时还很清纯,这是他第一次体验有女性为他斟酒的感觉。[15]

回到东京,宗一郎向榊原做了详细的工作汇报,榊原也喜笑颜开。当月月末,宗一郎第一次拿到自己的工资,一共 5 日元。他用其中的 4 日元,买下了之前一直想买的绑着金丝带的帽子。

从此,当宗一郎被问到他尊敬的人时,他会毫不犹豫地说榊原这个名字。榊原的技术自不用说,除了他招揽顾客和专业的技术能力,宗一郎还从他身上学到了很多其他的东西。此外,榊原还是一位出色的经营者。他不仅经营维修业,还从事活塞制造。[16]

榊原拜托宗一郎用之前在他父亲的锻冶店积累的手艺帮他改造出一辆赛车,并希望宗一郎能一起加入玩赛车的行列。宗一郎没有辜负榊原的期待,在结束工作后的晚上 8 点到零点期间,他一直沉溺于改造赛车。

宗一郎第一次改造赛车,是把二手的戴姆勒引擎安装在艺术·戴姆勒一号上,第二次是将美国柯蒂斯公司制造的双翼飞机上的二手引擎安装在艺术·柯蒂斯号上。1924 年(大正十三年)11 月 23 日举行的第五届日本赛车大会上,柯蒂斯号成功夺冠,宗一郎作为机械工也坐在赛车里。这时,宗一郎便爱上了赛车[17]。

榊原让宗一郎的身价越来越高,宗一郎也对他知恩图报。

为了继续留在艺术商会为榊原工作,他甚至想方设法逃避征兵检查。有色觉障碍嫌疑的人在征兵检查中会被列入不合格的丙种兵,这样便能逃避征兵。所以宗一郎用了这个法子又为艺术商会义务工作了一年。

之后,宗一郎本人并没有承认过关于有色觉障碍这件事,大概是征兵检查出现了差错吧。如果成为甲种兵,征兵入伍、奔赴战场的话,此后宗一郎的人生将发生巨大的改变,不但可能失去生命,而且本田公司也不会成立。

宗一郎在艺术商会总共工作了6年,在此期间他熟练掌握了从汽车的结构到修理的细节、诀窍,当然还有开车技术等。到了来年初春,宗一郎回到了浜松故里。他凭借着炉火纯青的修理技术在榊原的众多弟子中脱颖而出,赢得了榊原的信任,因此只有他一人被允许用艺术商会浜松分店的招牌开分号。那是1928年(昭和三年)4月,宗一郎正值21岁。[18]

工作也是玩乐的自由人

宗一郎虽然终于成为一个自由人,开了店,但并没有员工,实际上他既是店主也是员工。他只雇用了一名打杂的小伙子,厂子也只是一个相当寒酸的汽车修理厂。

虽然开店之初没有什么顾客,但宗一郎还是凭借着在东京练就的过硬的修车技术使顾客盈门。在这一年年末，厂子的净利润为 80 日元，并获得了"只要到了艺术商会，大部分的故障都能修好"的好评。他不断扩大汽车修理的类型，还接手了公交车、出租车以及商务用车等业务，三年后宗一郎的汽车修理厂成长为在浜松市内拥有 50 名员工的最大的修理厂。

宗一郎一直坚持斯巴达教育的经营理念。当员工技术不过关或是效率低下，不能让他感到满意时，他便会把扳手扔向他们的头。

自古远州人（译者注：日本旧时的远江国，现在的静冈县西部，宗一郎家乡的所在地）都被认为是急性子的人，宗一郎也不例外，不过他还是一位经受过千锤百炼的人，其中一位工人曾这样回顾当时的事情。"大家都不认为他死板。有时往往是因为他看见弟子们太可爱所以想打他们，虽然老爹（指宗一郎）是这么说的，但其实不是这么回事。老爹生气时，大家都像兔子一样飞快地逃到厕所里。（此处有删减）不过，他对待客人的热心和耐心，令人由衷地佩服。这跟其他的维修店完全不同。"[19]

1931 年（昭和六年），宗一郎将汽车轮子的辐条由木制换成铁制，并获得了产品设计专利。该产品大卖，销路甚远，甚至出口到遥远的印度。所以，在总理大臣的月薪才 800 日元的时代，宗一郎每月能获得 1000 日元的利润。[20]

但是宗一郎没有存款。这是因为他虽然很能赚钱，却也挥霍无度。修理厂步入正轨后，摆弄奇怪机械这一孩童时代就有的想法在他脑中活跃起来，他开始研究马达，甚至自己制作了装有马达的汽艇，带着几名员工，开着汽艇在附近的浜名湖上游玩。此后，又转行开饭店，后因叫艺伎陪酒引起了骚乱，这实在是俗套的剧情。

有时，他会带着艺伎从浜松出发，开着自己的进口私家车去静冈赏花。喝完酒，心情大好，虽然知道自己已经酩酊大醉，但还是不会松开方向盘。不仅如此，还在车里接着喝酒。开到天龙川的桥上时，不小心撞坏了桥的栏杆，最终连人带车一起掉到河里。幸好桥比较矮，车也没被水淹没，所以两人都得救了。这可真的是田园时代。[21]

1935 年（昭和十年）11 月 20 日，29 岁的宗一郎与 20 岁的阿幸相亲并结婚。阿幸出生于盘田的一个富裕农家，是毕业于高等女子学校专科的才女，在学校里当老师。当时的结婚典礼，按惯例在新郎老家举行，不过宗一郎却只租了一家日式酒家。

当天宗一郎自己开车前往新娘的老家，迎接新娘和岳父岳母，在婚宴上，带着相熟的艺伎给参加者斟酒，喝酒、唱歌，热闹非凡。宗一郎还亲自和着三味线，首次在众人面前演唱了祝贺歌曲《鹤龟》，为大家助兴。[22]

虽然他就这样成了家，但还是一如既往地热爱赛车。1936年（昭和十一年）6月7日，他从浜松出发，特意去东京多摩川河畔参加比赛。宗一郎开着自己改造的赛车，甩开其他对手，眼看就要取得胜利了，前方猛然插进一辆修理车，他躲避不及撞了上去。宗一郎的车整整翻了三圈，万幸的是他捡回了一条命，但左半边脸擦伤，左胳膊脱臼，手腕也骨折了。他的弟弟弁三郎是机械师，就坐在副驾驶，断了四根肋骨，脊柱也有三处骨折，受了很重的伤。[23]

注释：

1 原田一男·胡麻书房新社编辑部编著 [2012]、《本田宗一郎先生，一生的梦——人物·本田宗一郎的庐山真面》（胡麻书房新社）30 页。此外，以下，关于参考书籍的副标题，只在该章的第一回记述，以下都省略。

2 中部博 [2012]、《校定本本田宗一郎传》（三树书房）22~25 页。本书根据《后记》，在 18 年内反复修改了四次，是一部耗费心血之作，超过 400 页，是内容非常丰富而且充实的一本书。以下记述为《本田宗一郎传》。

3 本田宗一郎 [1985]、《我的手在说》（讲谈社文库）79 页。本书的初版是 1982 年。

4 上述《本田宗一郎传》32~33 页。本田宗一郎 [2001]、《本田宗一郎为梦想注入力量——我的履历表》(日经商务人文库) 16~20 页,下面表述为《为梦想注入力量》。

本田宗一郎 [1961]、《速度生活》(实业之日本社) 18~20 页。早于 1962 年(昭和三十七年) 8 月,在日本经济新闻报上刊登的《我的履历书》中出场的本田宗一郎,在 1961 年(昭和三十六年) 4 月出版,是本田宗一郎最早的自传。据推测,《我的履历表》中的某些记述部分也参考了这本书。而且,本书引用的是在 2006 年发行的新装版。

5 　上述《为梦想注入力量》16~20 页。上述《本田宗一郎传》32~33 页。上述《速度生活》24~26 页。

6 　本田宗一郎 [2005]、"做想做的事"(PHP 研究所) 164 页。此外本书的初版是《本田宗一郎"一日一话"》(1985 年,PHP 研究所),书名变更后也被重新编辑。

7 　上述《为梦想注入力量》17~19 页。上述《本田宗一郎传》41~44 页。

8 　上述《为梦想注入力量》18~19 页。在《我的履历表》中,本田曾在 1914 年见到过飞机,但实际上是于 1917 年,在浜松练兵场第一次看到飞机。而且,虽然在《我的履历表》中被称作内尔斯·史密斯号,但艺术·史密斯号才是正确称谓。

9 　上述《本田宗一郎传》38~40 页。

10 　上述《为梦想注入力量》22 页。上述《本田宗一郎传》48~51 页。

11 　上述《为梦想注入力量》22 页。

12 　上述《为梦想注入力量》24~25 页。上述《速度生活》30~33 页。

13 　上述《速度生活》34~37 页。上述《为梦想注入力量》25~27 页。

14 　上述《速度生活》36~37 页。

15 　上述《速度生活》38~39 页。上述《为梦想注入力量》31~32 页。

16 　本田技研工业股份会社 [1999]、《想要继续讲述的事情——挑战的 50 年》(该公司) 18 页。

17 同上书,18~19页。
18 上述《速度生活》39~40页。上述《本田宗一郎传》96页。
19 天野久树[1993],《浜松摩托车故事》(乡土出版社)28页。
20 上述《速度生活》41~42页。上述《本田宗一郎传》103~104页。
21 上述《为梦想注入力量》37页。
22 上述《本田宗一郎传》122~123页。
23 上述《为梦想注入力量》43~44页。

II. 才能绽放——成为日本第一的摩托车生产厂家

进军活塞环制造

1939年（昭和十四年），宗一郎把繁荣的艺术商会浜松分店转让给了徒弟。修理是只要积累经验,任何人都能胜任的工作,而并不是男人一生的工作。修理的技术再好，也不会收到从东京和美国来的委托，和开分店的徒弟们互相抢夺顾客也让人不舒服。比起这些，销售用自己的双手制成的产品更加有趣，市场发展空间也很大，宗一郎是这么考虑的。

宗一郎已经确定要制作的东西了，那就是汽车发动机的一部分和活塞环。这两个都是附加价值很高的产品，只要能生产出好产品，就会大卖，宗一郎对此非常清楚。1936年，他在浜松成立了东海精机重工业公司（于1939年担任社长）。[1]

不过，制造并不像宗一郎想象的那么简单。由于活塞环每分钟要反复运转几千次，所以需要相当大的强度，加工机械和制作的样品做几次坏几次。虽然他向附近的铸造屋店求教，但是被店主数落道:"听来的知识是没有意义的,要来店里做几年的学徒。"还被赶了回来。

他每天都会在炉子前面铺上席子,困了就在那里打盹,不眠不休地工作。花钱的地方也很多,艺术商会时代的储备资产很快见底,新婚的妻子也被迫总是去当铺。"我一生中最费心力,持续地夜以继日地苦思冥想便是在这段时间了。"宗一郎后来说道。[2]

最终他还是被逼到付不起员工工资的地步。此时他注意到,目前为止进展不顺利都是因为缺乏铸造相关的知识,他便拜访了在浜松高等工业学校(现静冈大学工学院)教授机械工学的藤井义信教授,拜托藤井传授他相关知识。藤井讲道:"你该早点来的。"同时还将同事田代教授介绍给宗一郎。分析了宗一郎送来的活塞环后,田代教授说道:"硅不够吧,这是强度不足的原因。"

宗一郎还拜托校长,获得了旁听生的资格,之后工作上一有空闲,便立马赶去听课。他是一位按规定穿校服的 29 岁的老学生。

不过这期间发生了一件让人为难的事情。听讲座还好,但是考试还是完全不行。说起来也确实是这样,其他的学生都是将课上的知识一概接纳,为了考试及格而学习,但宗一郎只学

浜松高等工业学校的旁听生时代 1936年之时

东海精密机械时代 1940年之时

习对制作活塞环有益的知识,考试必定请假,所以在学生中显得有些呆傻。

宗一郎就这样学习了两年之后便被学校劝退。他向校方询问理由,对方告知他,因为不参加考试,所以拿不到毕业证书。宗一郎则回答说:"我是为了工作而学习的,所以不要毕业证书。"虽然宗一郎被劝退了,但在之后一年多的时间里,他也不交学费,厚着脸皮去蹭课。

大概是在大学里半工半读的功劳,宗一郎终于制造出令人满意的产品,但还需要一段时间才能实现产品的批量生产。他原本想将生产的3万根活塞环卖给丰田汽车,不过从中抽取50根进行质量检验后,发现只有3根达标。

两年后,宗一郎的研究成果逐渐成熟,技术也达到了能给丰田供货的程度。以此为契机,丰田公司为东海精密机械投资了占东海资本40%的资金。太平洋战争爆发后,因为军事需要,东海精密机械也被规划到军务省管辖,之后不仅制造汽车,还开始为海军船和中岛飞机制作零部件。[3]

随着战事的推进,日本即将战败的趋势也日益明显。1945年(昭和二十年)1月,因为浜松地区遭到大地震的破坏,东海精机的磐田工厂倒塌,机器也被砸坏。在宗一郎修理这批被砸坏的机器的过程中,纷飞的战火终于消散,战争也画上了句号。

经历主动停工后转向纺织机开发

战争结束了,宗一郎不仅没有制造船和飞机的机会,连制造汽车的机会也被联盟国家瓜分了。既然已经不需要生产活塞环,宗一郎便想要丢下一切了。

丰田作为东海精机的大股东,邀请宗一郎为丰田生产零部件,但丰田派遣的董事轻视技术,宗一郎也不喜欢他的做事风格,所以他当即拒绝了这次邀请。此外,他还把自己持有的股票全部卖给了丰田,完全脱离了东海精机。

宗一郎的股票卖了 45 万日元左右,以现在的货币价值来算,是超过 1 亿日元的巨款。当时的他想把这个作为本钱来开展下一项事业,但毫无头绪。

不过,宗一郎并没有愁容满面。在那个混乱的时代,慌张的四处奔走也没用,于是他便向家庭成员宣布"主动停工"。他开始沉迷于吹奏尺八。还以一桶 1 万日元的价格大量收购装在汽油桶里的药用酒精,并将它们运到家里酿造自家喝的合成酒,邀请朋友们一起来家里品尝。他还在浜松海岸用电将海水提炼成盐,并用盐交换大米,一升盐正好可以换一升米。[4]

这样的日子持续了一年左右。对于曾经四处奔波的宗一郎来说,这段时期属于充电期,但他也不曾忘记在脑海里思索接下来的工作。

GHQ（驻日盟军总部）的领导们为了复兴日本，正在策划纺织业的重生。再加上浜松在战前又是纺织产地，所以1945年（昭和二十年）11月解除原棉进口的禁令后，浜松的纺织业便开始恢复战前的繁荣。第二年开始流行"纺织机咣当响，金钱从天而降"的说法，"咣当响"甚至成为那一年的流行语。至此，宗一郎萌生了想制造纺织机的想法。

1946年（昭和二十一年）10月，宗一郎处理了浜松市山下町的东海精机的工厂旧址（该公司在第二次世界大战期间，转移到磐田市），在此地搭建了临时房屋，成立了本田技术研究所。宗一郎和他弟弟带领着东海精机组的十多名工作人员，开始了自主研发旋转式纺织机的道路。虽然这个想法很好，但由于珍藏的45万日元大量贬值，他们买不到令人满意的机器。这样一来，便无法研发纺织机，只能放弃。后来他们生产掺杂着毛玻璃和竹席的铺盖房顶的木板，还用沥青加固，但要使其发展成大产业还是十分艰难的。[5]

顺利发展壮大

在1946年10月份的一天，宗一郎去附近一个名叫犬饲兼三郎的朋友家里玩，发现朋友家有两台旧陆军第六号无线机发电用的发动机。宗一郎感觉就这么闲置着太可惜，便想着把它们用在什么地方。他飞快地思索着,突然灵机一动:如果把这个发动机安装在自行车上,让车轮自行转动的话,骑行不就变得轻松多了。

宗一郎用弟弟弁二郎的自行车进行了实验。首先,将发动机安装在方向盘前面的位置,之后尝试让它做驱动前轮的装置,不过由于发动机太重,方向盘摇来摇去,无法固定下来。于是,宗一郎将发动机改装在车座下面的三角股架上,改组成驱动后轮,没想到实验竟然成功了。[6]

1946年(昭和二十一年)10月上市的自行车用的辅助改装发动机销售一空。买者多为运送物资的黑市商人、高收入的医生以及各地的自行车商人。根据该发动机的排气口发出的声音,人们为发动机起了"巴塔巴塔"以及"嘭嘭"这两个绰号,也就是我们现在说的摩托车。[7]

当时这款发动机部分的售价就高达8000日元,刚上任的巡警工资只有420日元,而该发动机的售价是其20倍,尽管价格如此昂贵,却也全部售出。最初宗一郎每月只生产20~30台,后来飞涨到每月生产500台。由于供不应求,宗一郎便开始考虑独立开发、制作发动机来满足需求。

亲戚和朋友对于他的这个想法都持否定意见,他们认为"在汽油匮乏的时代,没有人会骑摩托车"。当时,汽油是管控产品,是不能自由买卖的稀缺商品。不过宗一郎与他们的想法截然相反，他反驳说："正是因为在汽油匮乏的时代，才需要使用很少的汽油就能跑的摩托车。甚至用从药店买的轻质汽油，都能让摩托车跑起来"。[8]

其实只要拷贝一下之前的小型发动机就足够了，但是宗一郎最讨厌模仿。由于汽缸是烟囱的形状，宗一郎将他创造的发动机命名为烟囱，开发了拥有独特排气系统的双旋转发动机。

虽然这个烟囱发动机性能很好，但制造过程需要花费很多时间，所以宗一郎放弃了对外销售，接着立即开发了改良版。河岛喜好是设计的主要负责人，后来也成为本田的第二任社长。当时的他是一名刚从浜松高等工业学校（现在的静冈大学工学院）毕业的学生，河岛在参加面试时是这样说的："在就业难的时代，如果能让我做工程师之类的工作，在哪里都行。老先生在浜松也是很有名的技术人员，若是能在他那里工作就好了"。[9]

本田的诞生

宗一郎不擅长用语言表达自己的想法，他习惯用粉笔在地面上描绘自己脑海中的东西。有很多实习工程师在宗一郎的手下工作，河岛是为数不多的能适应宗一郎这种方式的实习生。

为了扩大销售，宗一郎还自己出钱配备了稀缺的汽油。但

在本田展览大厅的入口，展出了由旧陆军6号无线电发电用小型发动机改造的、安装了自行车车用辅助发动机的自行车（1946年10月）。这个发动机是本田的原点，刻在自行车后面的玻璃上的"梦"字是本田宗一郎亲笔写的。

以"HONDA"命名的第一个产品"本田A型自行车用辅助发动机"于1947年11月发售。

是，这些是属于管制外的"黑汽油"，于是宗一郎将目光投向了战争中的代用燃料——松根油，并将其混入这种黑汽油中销售。这样一来，它就不是汽油了，而是管制外的松根油，如此便能顺利骗过管制的警官。

为了获取松根油，他亲自到本田仪平买给他的山中。在松树的根部挖个洞并装上炸药后引爆，这样做就可以得到很多松树根。有时候宗一郎放入的火药的量过多，便会引起山林大火，甚至蔓延到了别的山上，还要慌慌张张地灭火。这个情景据说还让他记起了他调皮的孩童时代。[10]

由宗一郎亲自动手制作的第一个原创发动机的 A 型发动机，在开始试制的 5 个月之后，即 1947 年（昭和二十二年）11 月发售。两次旋转、排气量为 50CC、功率为 0.5 马力。

这个发动机销路也甚好。仅凭现有的山下工厂生产是无法满足市场需求的，1948 年（昭和二十三年）2 月，宗一郎在市内的野口町建设了一个制造发动机的新工厂。

同年 9 月 4 日，该公司终于法人化，成立了资本金 100 万日元的本田技研工业股份公司（后来，为了避免与本田宗一郎混淆，将公司名用片假名"本田"来缩写）。公司有 34 名员工，总经理是 41 岁的宗一郎。只有一间房的总公司办公室设立在浜松站附近的板屋町[11]。

继这种 A 型发动机之后，本田开发、销售了排气量及马力都有所提高的 C 型发动机。此时的 C 型是带有自行车独立框架的正式意义上的摩托车，但发动机动力不足，并且无法预估其里程和实际效果，属于残缺产品，以失败告终。总结该失败后，宗一郎便开始正式向摩托车的开发进军。

1949 年（昭和二十四年）8 月，"梦幻号"开始销售。该车在摩托车用的按压股架上，安装了排气量 98CC、转速为 2RPM、功率为 3.5 马力的 D 型发动机，保持着与摩托车形态相似的风格。宗一郎饶有兴致地对研发人员说："干了这杯酒。"然后发放了 3000 日元的巨额奖金。这让员工们见识到了宗一郎的慷慨。

梦幻号参考了德国宝马公司生产制造的摩托车，以新颖的设计在市场中获得了很高的人气，甚至有月销售 50 辆的纪录。[12]

进军东京与结识不可替代的伙伴

这个时候，宗一郎想离开浜松前往东京的心情变得越发强烈。浜松位于东海地区，以发达和开放而闻名。即便如此，对于像宗一郎这种不拘常规的人来说，它还是不够开放、比较封闭、让人感到不适的城市。

接连几日的深夜，宗一郎开着美国产的艳红色的敞篷车回家，邻居们议论纷纷。"本田先生，最近都打着红领带，深夜才醉醺醺地回家，不要紧吧。"宗一郎的妻子怀疑他有外遇，便在附近的井户会议上讽刺他。

生产摩托车是当时最尖端的工作。但宗一郎最担心的是"在这样的城市生活，会让人感到呼吸堵塞，无法萌生新思维"[13]。

同样让宗一郎烦恼不已的是客户在当地银行融资困难的问题。在浜松，作为第一级工程师而广为人知的宗一郎，却对赚钱和公司经营没有兴趣，所以由他领导的本田企业的运营基础很脆弱。客户中的自行车商经常拿着应收账款跑路，所以对地方银行来说，投资给本田大笔资金也代表着他们要冒很大的风险。[14]

在梦幻号发售的8月，宗一郎与一个人相遇了。这个人便是后来帮助宗一郎经营公司的藤泽武夫（此外，也有书将其写为藤沢，本书则写作"藤泽"）。

为他们的相逢提供契机的是竹岛弘（后加入本田，并担任常务一职），竹岛在战前是中岛飞机的技师。宗一郎当时还在东海精机，竹岛曾高度评价由宗一郎制作的活塞环，并帮助东海精机承接中岛飞机的工作订单。

同一时期，藤泽的车刀（用于切削加工机床的刀具）也得到中岛飞机的认可。竹岛很了解这两个人。

战争一结束,竹岛便以技术官员的身份在通商产业省工作。1949年(昭和二十四年)春,在东京·市谷的公共厕所,竹岛和藤泽偶然再会。那个时候,竹岛便将本田宗一郎的事情说与藤泽听:"本田想到东京发展,不过没有一起出钱的合伙人。不知道有没有人愿意跟他合作。"藤泽虽没见过宗一郎本人,不过早就听闻"他是浜松首屈一指的天才技术人员",便想"试着跟他合作"。竹岛没有想到藤泽会立即答应道:"我想跟他合作,没有钱就一起赚,试着看看吧"。[15]

在东京阿佐谷的竹岛家中,两人谈笑风生、意气相投,藤泽最终决定加入宗一郎的公司。

本田宗一郎是这么讲述两人的相遇的:

第一次见到藤泽时,我就觉得他是一个特别优秀的人。虽然在机械方面他一窍不通,但在销售方面,他运筹帷幄,拥有我没有的东西。我们只见过一次就约定了一定要互帮互助。[16]

劳累命的文学青年——藤泽武夫

藤泽于1910年(明治四十三年)11月在东京小石川区(现文京区)出生。父亲秀四郎是实业家,并创办了广告公司,制作那种专门在电影院播放的广告。因此,藤泽家在武夫小学毕业之前都比较富裕,不过,关东大地震的发生不但让秀四郎的公司消失了,更把他的身体也搞坏了,藤泽家也败落了。在京华中学的五年间,藤泽切身体会了极度贫困的滋味。如果藤泽在毕业后拿到奖学金便可以报考东京师范学校,不过事与愿违,他不得不出去工作。[17]

藤泽是一个沉默寡言、内向且视读书为唯一爱好的人,因此他很难适应在工作场所的生活,结果就频繁地换工作。在他从事过的这些工作中,只有写邮件收件人姓名这份笔头工作做得比较持久,不过在客户所在的政府机关和企业写收信人姓名时,他会因为周围人对他投去的冰冷视线而感到屈辱。

"如果自己有一天能站在他人之上,那我绝不会让我的员工承受自己如今所受的屈辱。"藤泽这么对自己说。[18]

24岁从部队退役以后,通过做笔头工作的朋友介绍,他成了东京八丁堀一家"三轮商会"制铁小商铺的销售员,这也是他的第一份正经工作。"百货商店里没有卖钢铁的。如果是百货商店里都没有的商品,那么只要努力就可以扩大需求。"这是藤泽的入职动机。[19]

因为他的口才很差,所以很难适应营业的工作,不过所幸他工作认真,业绩还是稳步上升。藤泽很喜欢在下雨天拜访老客户,因为如果全身淋透地去拜访这些顾客的话,就算是平时不会搭理他的人,也会听他讲话。到了第三年,他代替被征兵的店主,接管了该商铺。[20]

1939年(昭和十四年)4月,有了经营经验的藤泽匿名在板桥成立了日本机工研究所,也算是一个切削工具工会。此时,他还与中岛飞机结缘,与负责在板桥工厂检查切削工具的竹岛相识。

战火越来越猛烈,东京也屡次遭到空袭。所幸,板桥工厂暂时平安无事,但也随时面临着被轰炸的危险,于是藤泽便将工厂转移到福岛的二本松。但讽刺的是,藤泽刚完成工厂的转移战争便结束了。在全新的地方,藤泽的工厂必然会面临切割工具的需求为零的困局。

但是藤泽并非摔倒后便一蹶不振,他买下疏散地周边的山林,开始从事出售砍伐树木的造材业。因为在战火肆虐过的原野上实现经济复兴需要大量木材。他的预判非常正确,只用了3年他的木材工业便走上了正轨。在藤泽前往东京购买发动机零配件时,在市谷的公共厕所与竹岛重逢。[21]

1949年(昭和二十四年)10月,藤泽以常务董事的身份成为本田公司的一员。次年11月,本田公司的资本金从100万日元增加到200万日元,这增加的100万日元中,有1/4即25万日元是由藤泽投资的。[22]因此藤泽顺理成章地作为经营者共同参与到本田的经营。

暴风雨中模拟行驶

藤泽加入本田公司后,就制订了更加具体的计划,即从浜松转移到东京的计划。1950年(昭和二十五年)3月,藤泽在京桥设立了东京营业所。同年9月在北区上十条建立了组装工厂。宗一郎自己也于同年11月搬到工厂附近的池袋。

在充满激情的城市里宗一郎可以尽情地工作,在新环境里,他用迄今为止最热心积极的姿态努力工作着。功夫不负有心人,取代之前的两冲程发动机,宗一郎在四冲程时代的背景下也成功研发了四冲程发动机。

宗一郎将排气量为146CC的发动机命名为E型发动机,并立刻安装在梦幻号上。1951年(昭和二十六年)7月15日,他从浜松到箱根沿着东海道实地测试了新型发动机。

河岛喜好作为发动机的设计制作者,负责在暴风雨天气对摩托车进行骑行测试。宗一郎负责开着别克紧随其后,藤泽则坐在副驾驶上与之同行,但竹岛太快了,他根本追不上。即使他在箱根山口爬坡的地方刚追上竹岛一会儿,也会立刻被反超并拉开距离。

若是晴天,河岛便坐在山顶上休息,芦湖风光尽收眼底。梦幻号停在旁边,没有出现发动机过热的情况,骨架也完好无损。日本目前还没有能一口气沿着陡坡爬上山顶的小型摩托车,但安装有 E 型发动机的摩托车做到了。

将车停下来的宗一郎,在瓢泼大雨中与藤泽一起跑出去,与披着防雨斗篷的河岛,在大雨中热切地互相握手,所有人都全身湿透。

行驶测试的这一成功是本田公司划时代的大事件,同年 10 月,安装有 E 型发动机的梦幻号大卖[23]。

成长为日本第一摩托车制造公司

以这次大卖为跳板,宗一郎休息了一段时间后便又着手新产品的研发。

继 A 型之后开发出来的是卡夫号 F 型。这之前的发动机都是在通信机用发动机的基础上进行废物利用的,由于刚被改造,所以有着笨重、效率低的缺点。卡夫号 F 型与在自行车的骨架中央安装的 A 型不同,它在自行车的后杠上安装了转速为 2RPM 的 50CC 发动机。将发动机设计在自行车后排的下方,不但可以避免衣服被汽油或机油弄脏,还可以实现稳定驾驶。宗一郎将发动机的重量也缩减了一半,只有 7 千克。此外,在外形设计方面,他也花费了很多心血。他将燃油箱设计为白色,将发动机罩设计为鲜艳的红色,两种颜色交相辉映。最终成品在 1952 年(昭和二十七年)3 月完工。[24]

同年6月一经发售,所有的成品销售一空。当月成品的生产数量是1500台,9月则突破5000台,翌年4月的产量甚至增加到1万台。

本田公司能取得这样的销售成绩,离不开藤泽提出的方案。藤泽提议替换此前的汽车销售店,转而将全国各地数量众多的自行车专卖店作为销售点进行销售。于是给5.5万家自行车专卖店写信,询问:"愿意在贵店销售卡夫号F型吗?"之后收到1.3万家店"愿意"的回信,此后藤泽便以零售价格2.5万日元和批发价格1.9万日元发货了。[25]

梦幻号E型的销路也非常好,加上卡夫号F型的销量,本田公司在某些月的生产量甚至占据整个业界的80%。随后,本田公司在5年的时间里,顺利成长为日本第一的摩托车制造企业。[26]

本田公司接下来的目标是世界第一。从这时起,宗一郎便在早会上讲:"我们接下来的目标是成为世界第一的摩托车制造企业。"在这一年2月的月报刊登了这样一段话。

在前年(昭和二十五年),我们公司还是浜松的本田技研公司,但现在,我们已经成为日本的本田。而今年,我们必须成为世界的本田。今年的上半年,我们必须要因即将成为世界的本田而热情高涨。为此我们不能再等1年,或者2年后了。因为热情也会消退，我们需要趁热打铁。[27]

这段话反映了急性子的宗一郎的干劲。

此外，在这一年（1952年）的4月，宗一郎因发明了小型发动机，被授予蓝绶奖章。颁奖仪式结束后，他出席了由高松宫举办的晚宴。在座的获奖者都是上了年纪的人，45岁的宗一郎是最年轻的。面对高松宫"发明这种事特别艰辛吧"的提问，宗一郎是这么回答的：

您可能会这么想，不过对我来说，因为是自己喜欢做的事情，所以一点都不觉得辛苦。就像世人常说的"喜欢的话，千里路走起来也像一里一样"。也许在旁人看来我做的事情很辛苦，不过我本人却很享受。[28]

花费4.5亿日元购买机器

1952年（昭和二十七年）10月，宗一郎和藤泽一致决定从海外大量进口自动车床等器械。但这需耗费资金4.5亿日元，而本田公司只有600万日元的资金，所以这对当时的他们来说是一笔超出他们总资本75倍的巨款。如果能进口优良的器械，生产效率会得到极大提高，不仅能增加本田企业的利润，也有益于日本经济的发展。本田的主张得到通商产业省的认可并顺利得到了外汇分配。

器械的进口国有德国、瑞士、美国。同年11月,宗一郎直接前往美国去购买器械,河岛负责前往德国、瑞士,共计进口了100台左右的器械。宗一郎在同年10月的月报上说道:

机械主要从美国和德国进口,如果利用这器械的精度和效率,我有自信至少摩托车和小型发动机能在世界市场上取胜。虽说购买了外国制造的优良器械,不过我并没有想要切断国内各位同行的销路。鄙公司购买器械花费的美元也是国家的美元,用国家的美元购买的器械反过来再赚美元,这才是我的愿望。(此处有删减)只有成为世界第一后才能成为日本第一。用我们日本人特有的高超技术,来操作高性能高功率的外国器械,这样才更有可能进军世界市场。[29]

宗一郎的原话如下:

我买了器械后,对手都很高兴,都对我讲着"红豆饭,红豆饭"(译者注:此处指恭喜的意思)。这让我联想到祝福的红豆饭,便跟他们亲切握手。[30]

产品滞销面临破产

为了安置新的器械,新工厂相继成立,分别是埼玉县的白子工厂、大和工厂,以及浜松的葵工厂。

当时所有制造商工厂的工作服都是便衣,随后在宗一郎的提议下，工人穿上了白色的工作服，厕所也变成了冲水式，还贴上了白色瓷砖。"工作欲望会随着环境的恶劣而下降，肮脏的工厂是不会生产出好产品的。所以，工作衣还是白色的好。白色脏了会很显眼，所以为了最大限度不弄脏衣服，就必须保持工厂的整洁"，宗一郎是这么主张的。[31]

同时，新产品的开发也马不停蹄。首先便是便利号 J 型，它安装了四冲程、排气量 89CC、功率 3.8 马力的发动机。虽然是以方便的轻型摩托车为目标，但挺杆和齿轮的声音过大，所以自 1953 年 8 月发售以来，这款发动机的销量不是很好。

接下来是被寄予厚望的朱诺号 K 型。它的车身用聚酯树脂做成，是高级轻便摩托车。不仅是车身，就连防风玻璃也使用了透明丙烯酸树脂，保护骑手不受风雨和强紫外线困扰。

朱诺号在 1954 年（昭和二十九年）1 月开始批量生产，但由于发动机过热等问题，产品经常出现故障，因此销量也一直提不上去。由于退货现象层出不穷，最终在制作了 3000 辆后，本田公司被迫中断生产。

祸不单行。前一年年底，梦幻号 E 型由于将排气量从 200CC 提高到 220CC，升级为梦幻号 4E 型，导致意外熄火概率变高，销售额也开始下降。卡夫号 F 型也由于飞轮经常咔嗒咔嗒响，螺丝类器件过于脆弱等毛病导致口碑不佳。再加上市场上同类产品竞争激烈，本田公司逐渐没落。更加糟糕的是，由于前一年7月北朝鲜战争结束了，因此战争特需带来的景气也随之告一段落，日本经济进入了严重的衰退期。

本田的多种产品都相继出现问题，销售额只达到了目标的25%，同时还负担着因购买器械花费的15亿日元贷款，不断地被催债。[32]

负责借贷方面的人是藤泽，他不眠不休地筹措资金，召集零部件的供货企业，停止新产品的订货，提出了各种条件：搁置部分付款，购买商品只需支付其价格的30%，在提出这样苛刻的条件后，得到了债主的谅解。三菱银行作为主银行也由于财务危机不得不公开融资。此外，藤泽还负责与刚成立的工会谈判。

同时，宗一郎为了解决相关的技术问题，也在夜以继日地思索着。

一天早上，宗一郎给藤泽打了个电话："问题都解决了。昨天晚上，我跪在地板上更换汽化器时，脑海中的发动机突然开始运转，怎么也停不下来。和我想的一样，这一切都是因为发动机没有汽化器。别担心，接下来我会去三国工业（汽化器制作厂），与他们交涉，并马上测试。"

果然不出所料，安装了改良后的新汽化器后，发动机开始正常运转，宗一郎完美解决了梦幻号 4E 型的问题。[33]

注释：

1　本田宗一郎 [2001],《本田宗一郎为梦想注入力量——我的履历表》(日经商务人文库) 46 页，下面表述为《为梦想注入力量》。
2　同上书，48 页。
3　上述《为梦想注入力量》48~51 页。本田宗一郎 [1961],《速度生活》(实业之日本社) 43~50 页。
4　上述《为梦想注入力量》52~53 页。上述《速度生活》57~59 页。
5　上述《为梦想注入力量》55 页。上述《速度生活》59~60 页。本田技研工业股份公司 [1999],《想要继续讲述的事情——面临挑战的 50 年》(该公司) 8 页。下面表述为《想要继续讲述的事情》。
6　天野久树 [1993],《浜松摩托车故事》(乡土出版社) 41~42 页。上述《想要继续讲述的事情》8~9 页。
7　中部博 [2012],《定本本田宗一郎传》(三树书房) 151 页，以下表述为《本田宗一郎传》。
8　上述《为梦想注入力量》9 页。
9　上述《想要继续讲述的事情》10 页。
10　上述《为梦想注入力量》。
11　本田技研工业股份公司 [1955],《公司史（7 年史）》(该公司) 19 页。
12　上述《本田宗一郎传》159~161 页。
13　上述《浜松摩托车故事》56~57 页。
14　同上书，57 页。

15 藤泽武夫 197[4]《火把在自己的手中——与本田同在的 25 年》（产业能率大学出版社）6 页。另外，2009 年 PHP 研究所出版了新装版，由于一部分内容被割爱重新编辑，所以本书使用的是 1974 年的版本。

16 上述《为梦想注入力量》67 页。

17 上述《本田宗一郎传》167~168 页。上述《想要继续讲述的事情》20 页。

18 山本治 [1996]，《本田的原点》（成美文库）96 页。初版是 1977 年，由汽车产业研究所出版。

19 大河滋 [1998]，《本田的另一位创始人——被世代继承的藤泽武夫的教诲》（管理公司）132 页。

20 同上 133~134 页。

21 同上 134~138 页。上述《本田的原点》134~152 页。

22 上述《想要继续讲述的事情》21~22 页。

23 上述《为梦想注入力量》70~71 页。上述《想要继续讲述的事情》23~24 页。

24 上述《浜松摩托车故事》64~65 页。上述《本田宗一郎传》177 页。

25 上述《浜松摩托车故事》66 页。

26 上述《本田宗一郎传》179 页。

27 本田技研工业股份公司 [1955]《公司史（7 年史）》（该公司）42 页。

28 上述《为梦想注入力量》76 页。

29 上述《公司史（7 年史）》55~56 页。

30 上述《想要继续讲述的事情》30 页。

31 同上书，31 页。

32 上述《本田宗一郎传》205 页。

33 上述《火把在自己的手中》25~26 页。

Ⅲ. 挑战世界第一

危机之中,马恩岛 T·T 比赛的出场宣言

此时,藤泽想出一个绝妙的主意。就是在英国马恩岛参加世界第一的摩托车比赛——T·T 比赛。此后,宗一郎便在公司内部宣布参加该比赛。T·T 是 Tourist Trophy 的缩写,曾于 1907 年举办了第一届比赛,当时聚集了数十万来自世界各地的观众。赛道长达 420 公里,是世界上最著名的摩托车越野比赛。

宗一郎早就想挑战世界第一,所以立马同意与藤泽一同商讨比赛计划。他在 1954 年 3 月 21 日发表的马恩岛 T·T 比赛的参赛宣言上,"一气呵成"地签上了自己的名字。[1] 宗一郎情绪高涨地讲到自己从小到大的梦想就是开着自己造的汽车去参加全世界的汽车赛并夺得冠军,现在这个梦想终于要实现了。

宗一郎出于两个目的参加该比赛。

其一,与意大利、德国等国争夺世界摩托车市场。若是不能在 T·T 比赛中获得优异成绩,便失去了在世界市场中的竞争

力。这样，就连我最初设定的目标也难以实现，即通过提高技术水平摆脱进口的愿望。其二，听起来或许有些伤感。我想向古桥广之进学习，他以游泳选手的身份大放光彩，我希望通过我的努力给战败后的日本人带去一些希望。（此处有删减）虽然我没有古桥选手这样的体力，但我有技术。在该比赛中夺冠不仅有利于我们公司商品的出口，还能增强日本人的民族自信。[2]

1954年6月，即宣言公布的3个月后，47岁的宗一郎在马恩岛现场观看了比赛。

受破产风波的影响，世人还对本田持有偏见。"在这样的时期，真的可以吗"，看到宗一郎不安的样子后，藤泽对他说："现在你离开日本反而更好。这期间我会好好安排公司业务，你就放心去吧。"并把他送出国。[3]

现场的比赛让宗一郎大吃一惊。第一，赛车的马力很大，即使气缸的容量相同，但从它发动机发出的独特声音来看，其马力至少是本田产品的三倍。该赛车在他面前疾驰而过。自己还能取胜吗？宗一郎变得非常悲观。

但是，垂头丧气也没用。宗一郎在参观、学习比赛之余，顺便参观了旅途中英国、西德、意大利等各国的摩托车、汽车、机械制造企业，买了很多日本没有的比赛专用的轮胎、车圈、汽化器回来。结束了约一个月的考察后，宗一郎肩膀上扛着轮胎和车圈，以一种不可思议的形象出现在羽田机场的大厅。

藤泽在机场接宗一郎。

宗一郎神色不安地询问道："票据的事情有着落了吗？"

藤泽这么回答说："已经没问题了，公司绝对不会倒闭，放心吧。"

听到这句话的瞬间，宗一郎喜极而泣。[4]

这一年10月，宗一郎在埼玉工厂内设立了"T·T比赛推进总部"，马不停蹄地研发着能助他夺冠的机器。不过，决定胜负关键的高功率发动机怎么也不能成型，直到5年后的1959年（昭和三十四年），他参赛的愿望才首次得以实现。

本田存在的目的和人事方针

思虑周全的藤泽将这次的经营危机看作巩固公司组织基础的机会。以1952年（昭和二十七年）的名古屋分店为首，藤泽增开了四国分店、大阪分店、福冈分店。1954年，还开设了北海道分店。其中北海道分店从成立之初只有三四名员工，到现在已发展壮大到2200人。

在T·T比赛宣言提出之时，宗一郎在本田月报发表了一篇题为"本公司存在的目的及经营的基本方针"的文章。与制作T·T比赛宣言的人一样，这次的制作人毫无疑问还是藤泽。

首先他这样表述"目的"。

本公司旨在通过生产制造摩托车及发动机来服务社会,这就需要让生产者和购买者两方都满意。但是更重要的是让购买本公司产品的顾客高兴。制作满意、销售满意、购买满意,实现这三种满意正是我们公司存在的目的,也是我们的宗旨(后略)。

关于运营的基本方针,他列举了以下6条。

一、一切为了集体。

二、拓宽全球视野。

三、站在尊重理论的基础上。

四、在发展规律中稳定生产。

五、工作和生产活动优先。

六、总是站在正义的一方。

虽然这些语句多少会有些变动,但还是与本田当前的宗旨、经营方针相符合。可以说经历危机使得本田的DNA更加文明开化。

次月的月报还写到了"本公司的人事方针",这也出自宗一郎之口。他在月报中说,要让全体员工都相信"我们公司的人事公正且值得信赖",这一点非常重要。为此,他列举了10条人事相关的方针。[5]

一、按时支付金额合理的工资。

二、保证良好的工作条件和安全的工作环境。

三、经常整治雇佣制度。

四、人尽其才。

五、给热爱学习且积极上进的员工晋升的机会。

六、监察人员需回应员工的私人咨询。

七、提倡勤俭节约，杜绝浪费。

八、开展社会性、体育性、福利性活动。

九、有自由议论干部的权利。

十、让员工在日常业务中彼此信任和友爱。

藤泽孤身一人与工会交涉

在这个时期公开的人事方针也是针对1953年6月的事件。在本田工作的一名刚毕业的大学生为了抵制宗一郎工资上面的区别对待和他的专制独裁，在本田组织了一个工会并成为其中的核心人物。这位大学生曾被宗一郎教训过。知道这件事后的藤泽，对神情落寞的宗一郎说道：

社长是技术人员，所以希望您能如之前一样果断下决定。下决定的人若是不能当机立断，那么员工的工作效率会很低，也不能实现庞大的计划。不过，劳动问题好像不是靠当机立断就能让全体人员信服的，那么让我来负责此事吧。您就忘记这件事情，继续做好总经理的工作吧。[6]

藤泽被叫到在埼玉白子工厂成立的筹备委员会，在了解到它是一个没有外部团体介入的纯粹的公司内部组织后，向宗一郎汇报："大体就是这样，是很厉害的工会哦。"宗一郎听完后，高兴地流下了眼泪。

这是发生在上述经营危机尚未过去的1954年（昭和二十九年）年末的事情。由于公司资金周转实在困难，藤泽宣布年终一律补贴5000日元后，遭到工会的强烈反对。执行部希望与藤泽一起当面交涉，藤泽也接受了。在工会的中心组织埼玉制作所，藤泽在全体员工的注视下，按照宗一郎的想法提出了自己的建议。工会书记森井和吾这样说道：

我们认为领导应该直接说明事件，所以就要求与藤泽先生直接谈判。就像本田先生称工厂和研究所为"我们"，他是一个将新潮思想和老板意识混合在一起的人。因为我们了解这些，所以不想让本田先生也出面。大家不想伤害那个天真烂漫，没有一点私心的老爹。[7]

在前来迎接的1600名员工中，藤泽孤身一人。面对委员长"如何看待5000日元这个回答"的提问，藤泽是这样回答的："它是一笔不对等的小数目金钱。不过，只要多分给大家一点钱，公司就有可能破产。若是到了破产的时候,被说到'为什么那个时候我没有再努力一点呢'的时候,我这个经营者就无能为力了。到了3月左右,车就应该能卖出去了。那时我想再次与大家集体协商。"

现场掌声如雷,委员长也宣布集体协商结束。藤泽在离开的时候,听到过道两边说"拜托了"之后,流下了眼泪。他在心里暗暗发誓一定要说到做到。[8]

超级小狼的大卖

运营组织这类"不能立马决定"的麻烦工作全都交给了藤泽,宗一郎作为顶级工程师,致力于推进新产品开发这类"能立马决定"的工作。

苍天不负有心人,他们的努力得到了回报。1957年(昭和三十二年)10月,他们发售了"梦幻C70",这是本田的第一代安装有两个气缸、四冲程、250CC的OHC型发动机的摩托车。摩托车独特的外形是宗一郎自己花了10天左右的时间设计的,灵感来源于奈良和京都的神社佛阁。

具体来看,佛像眉毛到鼻子的线条都很棒,在油箱侧面的边缘上都被完美地再现出来,膝盖部分则给人一种坠入云霄的松软感觉。如此完美的梦幻C70被称为"神社佛庙设计",获

宗一郎骑着梦幻C70　1958年

得了很高的人气。[9]

　　由于宗一郎酷爱设计,后来技术研究所造型室的工作人员给他起了一个"造型科长"的绰号。

　　宗一郎还留下这样一段话:"也就是说设计是一种潮流。比起过去或未来,潮流更看重现在,只要在当下通用即可,即使是不具备基础素养的突发性构思,也没有问题。这一点与艺术产品不同。艺术产品需要具备能长期承受历史考验的价值。无论在何时、何地,谁看了都会发出感叹,否则不能称为艺术品。

但是，设计则是捕捉当下时代人们的心情，只要能符合大家的审美便好，这一点我做到了"。[10]

1958年（昭和三十三年）7月，至今仍被看作本田最热销的商品超级小狼发售。它是一种小型摩托车，发售当年就售出了9万辆。截至2016年12月末零点，加上修订版，世界生产累计销量约9757万辆，是一款引人喜爱、风靡全球的商品。这一记录不仅在两轮车中是最高的，还超过了美国的福特T型车，也超过了德国的大众甲壳虫，甚至在包括汽车等安装有发动机在内的所有输送设备中，都是空前绝后的数字。

这款超级小狼实际上是藤泽引导研发的。藤泽认为面向大众的商品今后应该成为本田的主要研发方向，而且不能是给自行车装上发动机这种型号，应该是那种可以让任何人当成日常交通工具，能够轻松安全骑行的摩托车。在欧洲，这种被称为轻型机械脚踏车的摩托车已经很普及了。1956年（昭和三十一年）藤泽说服了宗一郎，两人便一起开启了考察之旅。

他们首先到达联邦德国，之后到了意大利。宗一郎看到这种轻型机械脚踏车后，便问藤泽"是它吗"，藤泽没有回答说"是"。这时，宗一郎明白了自己应该研发的是那种无论在哪里都没有的前端产品。

回国后，宗一郎亲自领导并开始着手研发。他招集了所有开发的负责人，对他们这样说道：

今后，要制作可以供荞麦面店的外卖人员骑的东西，让他们可以左手提着荞麦面，仅用右手和两条腿就可以骑，是一种可以轻松驾驶的轻便型摩托车。不过，开动的时候必须用一条腿支撑着车。

之后，大概过去了一年，宗一郎联系了藤泽，拜托他来研究所一趟，带他参观了一个很先进的试制品。藤泽看后向他保证道："嗯，这一定会大卖。"宗一郎一个劲儿地问藤泽：

"怎么样，专务董事。今后它可以卖出去多少辆？"

"嗯，3万辆吧。"

年轻的研发员问道："是一年3万辆吗？"

藤泽是这样回答的："笨蛋，是一个月3万辆！"[11]

不仅宗一郎，在场所有研发员都被藤泽的回答吓了一跳。当时本田最热销的梦幻号和便利号合在一起每月也只卖出6000~7000辆，就算日本全国的两轮车销售数量，也只能勉强达到2万辆。不过，这句话在后来却成为现实，甚至留下了远超该数目的销售纪录。

这款被命名为超级小狼C100的商品以5.5万日元的定价发售，最初还处于和其他公司产品相当的水平，但不久便占领了全部市场。

发动机的功率是 4.5 马力、排气量是 49CC、四冲程的单气缸、最高时速 70 公里。它的发动机没有完全露在外面，而是被装在用聚酯树脂制成的，位于脚下的脚蹬中。因为宗一郎听藤泽的妻子讲过："无论本田先生制造的产品多么棒，但裸露在外面的发动机像鸟的内脏一样，看起来很恐怖。"他把这句话记在了心上，下了一番功夫才将发动机放在车子内部遮挡起来。而且，为了让穿裙子的女性也可以上下车，他大胆地将骨架拧在一起，设计成细长条的形状，并且将骨架设计得更低一些，使女性更加容易跨越。

为了让骑者可以单手驾驶，他还将转向灯和开关都设计成上下动作式，并都设置在右手边。换挡踏板的设计则允许骑者穿着草鞋去踩，此外还配备脚跟用的踏板，被命名为跷跷板。[12]

这种设计很先进，具备速度快这一最关键的特征，特别是起步时的速度，比其他任何 50CC 的摩托车都快。

进军海外市场，正式进入美国

随着超级小狼的热销，本田也跟着兴盛起来。1959 年（昭和三十四年），本田正式进军美国市场。

市场调查结果显示，比起美国，本田在东南亚的市场更具潜力。当时，摩托车在美国是卖不出去很多的，一年顶多卖出

6万辆。在民众的一般印象里，骑摩托车的都是穿着黑色夹克的暴徒。

对此，藤泽主张："应该去美国。"因为美国在世界经济消费中占比最大。所以在美国有需求的商品，在其他地方也可以销售；相反在美国滞销的商品，在其他地方也会卖不出去。摩托车这种商品必须回应用户的各项具体要求，满足多机型体系。为此，最好出口到有大量需求的国家。这么一来，就有可能实现多机型的大量生产，价格也会下降，竞争力也会提高，从而进入良性循环。[13]

1959年（昭和三十四年）6月，在洛杉矶成立了本田·美国法人机构。藤泽没有通过商社，而是自己完成了经营销售网的决断。很多人觉得在美国久住的人对美国市场会更加了解，便在公司内流传起应该派更多员工赴任美国之类的话，但宗一郎坚决反对这一做法："进军美国，就应该雇用美国人。这么做的话，就会受到美国的热烈欢迎，欢迎我们购买土地、建造工厂。做生意需要沉着稳重。"宗一郎是这么想的，所以最后只派了五名日本员工前往美国。

最初，本田·美国尝试着出售小型运动摩托车便利号，但销量不佳。接下来便推出了前面讲述的超级小狼，这次的销量要好很多。首先它作为休闲用的交通工具，获得很高人气。可以装在露营车上面,在山路和沿海的小路上行驶时,就可以使用。本田还为狩猎爱好者研发了狩猎时骑的摩托车;为钓鱼爱好者研发了钓鱼时骑的摩托车,这种独特模式,让体育用品店和渔具店首次销售摩托车,还在各州都设立了直营店等。此外,他在销售网方面也下了苦功,委托洛杉矶的大型广告代理商办理超级小狼的广告宣传业务。插图上画有各种各样的人出于各种各样的目的骑上了超级小狼,并配有"You Meet the Nicest People on a HONDA"字样的广告出现在《时代》《生活》《Look》等人气杂志上,好评如潮。

1961年(昭和三十六年),超级小狼进军欧洲。同年6月,以联邦德国的汉堡为据点,宗一郎成立了本田·欧洲分公司。负责分公司经营的除了在当地招聘的人,就只有两个日本人。1964年(昭和三十九年)5月,宗一郎在法国巴黎成立了本田·法国分公司,1965年(昭和四十年)9月在英国伦敦成立了本田·英国分公司。[14]

不只是销售据点,1962年(昭和三十七年)9月,宗一郎在比利时创办了本田·比利时·发动机生产销售公司,并于次年在布鲁塞尔以西20公里的一个地方开始建设工厂。因为比利时人最多只会骑自行车,所以汽车的普及率很低。因此在比利时没有汽车、摩托车制造企业。宗一郎想到,若不能克服重重难关，是不可能在这种困难的地方建立工厂的，那么在欧洲取得成功的希望也很渺茫。相反，如果成功的话，就可以在欧洲站稳脚。[15]

由于苦茶太多将主要工厂迁至铃鹿

在国内，本田主要致力于推进主力工厂的建设。超级小狼刚一生产出来就立马被抢购一空，所以更加证明了，无论如何都需要修建新工厂。但现有的埼玉制作所和浜松制作所都很狭窄，周边也没有可供扩建的空地。

最终，在1959年（昭和三十四年）8月宗一郎把工厂地址定在了三重县铃鹿市。其实铃鹿并不是首选，但宗一郎对有丰田据点的地方十分执着。

之所以坚决选址铃鹿，是因为本来那里是靠近丰田旁边的土地，所以我才买下那里。人类这种生物，没有一个目标不行。（此处有删减）我们是怀着自己的目标前进的，期盼自己会出人头地。有能够明白这些的人，但不是所有人都能认识到。于是我把那个目标放在丰田那里，若是能建在丰田这种日本的代表企业旁边，大家一定会斗志满满，如果是我也会这样。超越丰田吧，超越它就能成为日本第一。[16]

因为在丰田的旁边找不到合适的土地，所以爱知县（译者

注：在日本的行政制度中，县等同于中国的省）犬山市作为第二候选地被列举出来。知事和市长都热情地迎接了去实地考察的宗一郎和藤泽，并带他们去了高档的料理店。但这种宴会的气氛让他们无法谈论工厂用地等相关重要事宜，宗一郎和藤泽面面相觑，用眼神交流"这样是不行的"。

接着，他们去访问了铃鹿市。与犬山截然相反的是，该市只用苦茶和湿毛巾招待他俩。

杉本龙造市长也没有穿西装，而是穿着工作服，绑着裤腿。他的装束就说明了一切，而后来证明确实如此。铃鹿海军工厂旧址的10万坪广阔的土地一目了然，现场还安排有举着旗的官员。两人在当天便决定在铃鹿建设工厂。[17]

开心的铃鹿市市长想要将"市名改为本田市"，不过被宗一郎拒绝了。"还是现在这样好，因为铃鹿这个地名拥有悠久的历史。政治家可能会喜欢以自己的名字命名城市，但我真的很讨厌这一类事情。"[18] 这是宗一郎的正常反应，因为他早就后悔了用自己名字命名公司。

次年，也就是1960年（昭和三十五年）4月，在承受风灾水害的高台上，铃鹿工厂终于竣工了。当他们决定在这里修建工厂后的一年内，便开始进行突击工程作业，总耗资达60亿日元。该工厂设有窗户、没有灰尘、并且装有空调，是一个非常为工作人员考虑的全新工厂。[19]

技术研究所的独立

这一年的 7 月,本田将 1957 年(昭和三十二年)6 月在白子工厂内成立的技术研究所从公司中独立出来,并保有原来的名字。这是在藤泽的推动下进行的,理由有两点:

一是研究工作的性质注定失败连连,研究成功的概率不足 1%。如果将这样的工作放在本田这种追求利润的组织中,一定会受到冷遇,导致研究质量下降。

二是与个别研究人员有关。在一般企业,比起个人,他们更重视组织。但研究所并非如此,毕竟研发者个人才会拿出成果。这么一来,藤泽便思考适合研究人员的组织。同年进入公司的同期生,有成为科长、部长、厂长等,头衔都很气派,然而研究人员通常没有头衔、没有部下。因此,藤泽意识到问题所在:这样可能会导致研究人员无法安心工作。为了解决这个问题,藤泽便将研究所独立出来了,藤泽说:

在金字塔形的组织里,科长的数量是有限制的,但在镇纸形平行组织的研究所里,就算有几百名科长也不奇怪。新职员只要有高超的技术,也一定能成为研究员。跟人数有限制的金字塔形组织不同的是,在研究所里,人与人之间没有摩擦。[20]

研究所得到本田销售预算3%的资金支持，作为回报，他们要将设计图纸出售给本田。并且两者规定：如果是因为研究所的失误而出现令本田损失的情况，研究所需赔偿本田。不能因为研究所是搞学问的便耀武扬威。宗一郎着力强调，他们的研究所完全不同于那种因为培养出博士就得意扬扬的其他研究所。[21]

伺机而动准备参加马恩岛T·T比赛

1959年（昭和三十四年），伺机而动的本田首次参加了马恩岛T·T比赛。以河岛喜好领队为首，由8名日本人和1名美国人组成的本田·赛车组于5月5日在马恩岛的机场降落。其中的日本人都是本田公司的职员，有5人来挑战独立开发的125CC级赛车。在出发前，留在日本的宗一郎嘱咐他们说："因为是第一次参加，所以大家要保持轻松的心情。不要勉强，全员都要平安回来。"[22]

6月3日是决赛的日子，意大利和瑞士的顶级骑手激烈地争夺第一，本田军团也在努力拼搏。下半场比赛显得十分慌乱，由于其他队伍发生了碰撞跌倒的事故，所以本田队伍中除了预选赛中被淘汰的1人之外，剩下的4人分别取得第6位、7位、8位、11位的好成绩。谷口尚己获得第6名，虽然只获得1分，但他也是国际锦标赛上首次得分的日本人。

本田的谷口等人的3人组也获奖了。作为首次参赛队,本田就取得优异的成绩,宗一郎在东京第一时间通过国际电话知道了这个消息。

日本时间的深夜,摩托车杂志记者赶到宗一郎家里采访,52岁的宗一郎回答道:

马恩岛T·T是摩托车的奥运会,这也是智慧的奥运会。在这种智慧的奥运会上取胜,说明我们在智慧上没有处于劣势,自己公司的车也绝对不比世界水平差,我很高兴知道了这件事。[23]

宗一郎在本田公司的办公室和工厂张贴了比赛结果,看到的员工都沸腾了,不过本田公司并没有在他们的宣传广告中提到这个荣誉。"车能开成这样,还怕没理由买本田吗?"之类的话在宣传材料中是禁止出现的,这是宗一郎的美学。

马恩岛比赛中有5辆125CC级、3辆250CC级,共8辆大功率赛车。1960年(昭和三十五年)再次参战,但125CC级的名次从第6位降到第10位,只有250CC级从第6变成第4位并获奖,称不上成绩喜人。

为了一雪前耻,本田公司在此后的第3年,即1961年(昭和三十六年),在125CC、250CC级别的比赛中分别包揽了第1

名至第5名,取得了彻底的胜利。当地的报纸称赞其伟业说:"日本的小摩托车厂商本田,一直在制作具有独创性的发动机。这其中饱含着本田自身的努力,就像钟表一样精确。在这一点上远远凌驾于其他的机器制作商。"[24]

流着泪听报告的宗一郎与站在旁边的妻子分享了这份快乐。同年,与本田公司签订合同的汤姆和麦克这两名外国骑手驾驶着本田的赛车获得了世界冠军。这是本田公司在加入马恩岛T·T比赛后首次在世界大奖赛的比赛中获得冠军。

对宗一郎来说,比赛有什么意义?

比赛是一场和同行之间关于技术竞争的战争。在比赛中,产品的好坏都会展现出来。实力强的家伙一定会获胜,也会获得未来世界的市场,可以说获得了品牌销售的通行证,所以不取胜不行。不论是汽车还是摩托车,都要进军世界市场。总之,"我们家的车很棒"。如果这一点都无法保证,那么即使在国际比赛夺冠,也不会有人认可我。总之,比赛这个东西是提高技术和宣传的最佳手段。[25]

铃鹿赛道的建设

本田队回国后,藤泽在召开的马恩岛T·T比赛慰劳会上,如是讲道:

"怎么样，想不想在日本建设像外国那样的比赛场地？"

小组的成员们当然举双手赞成。[26]

其实宗一郎也在考虑这件事情。去年年底，他在铃鹿制作所的福利设施建设提案会议上有"想要做赛车赛道，汽车就必须要比赛"的发言。[27]

铃鹿工厂正好有块土地。所以本田公司在附近建设了日本最早的赛道——铃鹿赛道。但由于当时处于没有东名高速公路的时代，所以谁也想不出关于赛道建设的好办法。

藤泽脑中的构想并不是要建设职业的国际赛车场。而是那种不管2轮、4轮，谁都可以去那里享受赛车乐趣的赛道，还有可以磨炼技术的机动车版"滑雪场式斜坡"。藤泽想让铃鹿赛道成为机动车斜坡中的麦加。

在当时，日本的道路情况很恶劣，烂路很多，没有能保障速度的安全公路。虽然在公路上飞奔的飞车党们给附近的居民添了很多麻烦，但一味地限制他们，不提供他们可供发泄的场所更不好。大量开发销售性能好的摩托车后，却佯装什么都不知道，这是厂商惯有的意识。

安全性和高速行驶开始受到本田公司的重视。场地铃鹿谷是有着蝮蛇谷之称的山谷，蝮蛇很多，而且坡度很大，测量也是非同寻常的艰辛。

最大难题是必须保证右转弯和左转弯的数目相等。如果不这样设计，则无法建成能保证公平竞争的赛场。对此宗一郎想出了一个妙招："做成立体交叉吧。"于是变化无常的铃鹿赛道的路线就这样规划好了。[28]

注释：

1 藤泽武夫 [1998]，《经营没有终点》（文春文库）42~45 页。初版是 1986 年版。
2 本田宗一郎 [2001]，《本田宗一郎为梦想注入力量——我的履历表》（日经商务人文库）84~85 页，下面表述为《为梦想注入力量》。
3 上述《经营没有终点》46 页。
4 同上书，47 页。
5 本田技术研究工业股份公司 [1955]，《公司史（7 年史）》（该公司）81~85 页、85~90 页。
6 藤泽武夫 [1974]，《火把在自己手中——与本田同在的 25 年》（产业能率短期大学出版部）35 页
7 本田技术研究工业股份公司，《想要继续讲述的事情——挑战的 50 年》（该公司）39 页。下面表述为《想要继续讲述的事情》。
8 上述《火把在自己手中》43~45 页。
9 同上。
10 本田宗一郎 [2000]，《大显身手》（三笠书房）173~174 页。
11 上述《想要继续讲述的事情》50 页，上述《火把在自己手中》73 页。

12 静冈县文化财团 [2012],《静冈摩托车列传》(该财团) 140~143 页。
13 上述《火把在自己手中》64 页。
14 中部博 [2012],《校定本本田宗一郎传》(三树书房) 266~271 页,以下表述为《本田宗一郎传》。
15 上述《为梦想注入力量》92~93 页。
16 《本田公司报》第 48 号,1959 年 10 月。
17 上述《本田宗一郎传》272 页。上述《想要继续讲述的事情》57 页。
18 上述《本田宗一郎传》272 页。
19 上述《为梦想注入力量》95 页。
20 上述《火把在自己手中》100 页。此外,将原文中的"一定能成为首席研究员,也能成为首席研究员"改成"一定能成为研究员,还能成为首席研究员"。
21 本田宗一郎 [1996],《我的想法》(新潮文库) 74~75 页,本书的初版是 1963 年,由实业之日本社出版。上述《为梦想注入力量》94 页。
22 上述《本田宗一郎传》276~277 页。
23 《机动自行车运动员》1959 年 7 月号,在本书中引用的是上述《本田宗一郎传》288 页。
24 久米是志 [2002],《无差别》(岩波活动新书) 42 页。
25 本田宗一郎 [2005],《做想做的事》(PHP 研究所) 238 页。
26 伊丹敬之 [2010],《本田宗一郎——不试试看怎么知道》(弥涅尔瓦书房) 143 页。
27 同上。
28 大河滋 [1998],《创建本田的另一个创业者——继承藤泽武夫的教导》(经营社) 104~109 页。

Ⅳ. 投身四轮和"奔跑的实验室"

如晴天霹雳一般的特振法

本田的摩托车在世界最高级别的比赛中取得了胜利,并向世界展示了其高超的技术水平,于是本田计划用这款划时代的超级摩托车产品席卷整个市场。宗一郎已经决定接下来要走的路,那便是进军四轮车业。宗一郎对此做了很好的部署与规划。1958年(昭和三十三年)9月,宗一郎在白子工厂的技术研究所内设立了四轮开发机构,即第三研究科。

中村良夫,毕业于东京帝国大学,在研究科中担任科长。战争期间他曾在中岛飞机厂参与零式战斗机(译者注:旧日本海军的单座战斗机,使用于太平洋战争初期)的发动机调节以及喷气发动机试制工作,是一位不可多得的人才。

尽管宗一郎再三对试制车进行了长距离测试,但由于他自身还没有参与过发动机的制作,所以对于本田公司接下来要开发的汽车的形象,他毫无头绪。

但是，即便如此，宗一郎也不得不全身心地投入汽车事业中。

1961年（昭和三十六年）5月，通商产业省为了给预计于两年后实行的进口自由化做准备，发表了旨在强化国内汽车产业的汽车行政基本方针。

为了提高国际竞争力，通商产业省将各汽车公司分为：①批量生产的汽车集团（丰田、尼桑、马自达）；②特殊车辆（高级车、跑车等）集团（王子、五十铃、日野）；③小排量汽车生产集团（富士重工、马自达），试图通过计划和管理各集团的技术特色，引导汽车产业发展。不过，前提是统一合并汽车公司及实行新规限制。

通商产业省在特殊钢行业、石油化工行业也实施了相同的政策，并预计制定《特定产业振兴临时措施法》（特振法）。很明显，如果该项法律通过，本田公司将会无路可走。

1962年（昭和三十七年）1月，宗一郎觉得他必须有所作为，于是他立刻构思四轮车的初次亮相产品，并向研究三科下达了开发小排量跑车和小排量卡车的指示。[1]

同年6月，本田经销商大会在正在建设中的铃鹿赛道如火如荼地举行着，试制汽车被全部公开：跑车被命名为运动360，小排量卡车被命名为T360。二者都是配备了与赛车同等水平的高性能发动机的小排量汽车。宗一郎亲自出马，驾驶首次公开亮相的运动360。运动360是一辆拥有白色轮胎边的红色敞篷汽车。宗一郎在全体观众面前，英姿飒爽地驾驶着运动360，获得了雷鸣般的掌声。[2]

之后，T360作为本田的第一辆上市汽车，于1963年（昭和三十八年）8月开始销售。这款小排量卡车看起来毫不起眼，但是驾驶者发现该车具有超群的加速能力后都大吃一惊。

与官僚的斗争

宗一郎提高了运动360发动机的排气量，升级后的运动360被命名为小型汽车S500，并于同年10月开始发售。宗一郎在自己的造型设计室里与黏土模型各种周旋，致力于将该款车的车身设计做到极致。

宗一郎想把S500涂成与跑车运动360一样的大红色，但是，当时在国内销售的汽车车体都被禁止使用红色。因为容易与红色的消防汽车混淆，所以这种妨碍辨识紧急汽车的颜色都被禁止使用。

开发部的一名成员为了得到制作红色车身的使用权，每天都去运输省想要说服负责人，但负责人一味地坚持"这是规定"，基本不予理睬。在此期间，宗一郎积极在报纸评论栏中发布"红色是设计的基本颜色，没有任何一个一流国家实施了禁色政策"

的主张来表示支持，功夫不负有心人，最后他终于拿到了红色车身的使用权。[3]

宗一郎本身就喜欢红色等一些亮丽的颜色，由于受到该喜好的影响，他平时经常穿这种颜色的衬衫。

宗一郎在上普通小学的时候，学校举办过天长节（译者注：日本天皇诞辰的节日）的庆祝仪式，他的母亲为其系上了一根新的蓝色腰带。为此感到得意不已的宗一郎到学校后却受到了小伙伴们恶狠狠的嘲笑，说他"你的腰带是女人的"，于是宗一郎哭着跑回家。自那时起，宗一郎便一直认为颜色也分男女是很可笑的，他主张人应该珍视自身的个性，只要不让他人不快，或不给他人添麻烦，衣服和颜色都可以自由选择。[4]

在S500发售之前，根据藤泽的创意，本田公司举行了前所未有的价格竞猜。并在各个报纸上大肆宣传此次比赛的奖品是一辆S500与100万日元现金。本田公司此举的目的在于让即将实施特振法的当局意识到，本田也是汽车制造商之一，并想让本田产品变得广为人知。本田从全国各地收到了574万封竞猜来信，数量惊人。其中大部分来信都竞猜其价格在50万日元以上，而它的实际价格是45.9万日元。本田公司在赤坂的希尔顿酒店公布猜中者名单并举行盛大的活动。[5]

同进，宗一郎与通商产业省围绕特振法草案也展开了斗争。

不管是在记者招待会、演讲，还是在接受媒体采访时，宗一郎都会与之展开"如果政府介入市场的话，企业的能力就会减弱。对贸易自由化来说，自由竞争是最重要的。相比较来说，好的产品才会畅销，正是这种自由竞争才产生了产业"[6]的论述。

特振法的发起人是于1961年（昭和三十六年）就任通商产业省企业局局长的佐桥滋。新闻记者将本田的"过激"发言传到通商产业省那里，接着便传进了佐桥耳朵里。

宗一郎与佐桥滋事务副官在日式饭馆进行了会谈，但是对方完全不把宗一郎放在眼里，于是双方不欢而散。之后，为了再次协商，宗一郎放低身段去通商产业省拜访佐桥滋，但对方还是不理睬他。生气的宗一郎在走廊大声吼道："混蛋，你们这些官僚会把日本搞垮的。"他留下了这样一段逸事。[7]

在1983年（昭和五十八年）的电视采访中，宗一郎回顾和佐桥滋会见时的场景道：

因为这些官员无论如何也不答应，我才开始生气。特振法到底是什么东西？我有制造汽车的权利。现有的汽车制造商可以制造汽车，我们却不能制造，这样的法律也太不公正了。我们都享有自由，谁能断言曾垄断过行业的公司就要一直垄断。请看看历史，新兴势力一定会发展壮大的。如果想让我同意联合（合并）的话，请通商产业省成为我们公司的股东之后再在股东大会上讲这些!我当时很生气地讲了这些话。我们是股份公司,是不会根据政府的命令展开行动的。[8]

虽然特振法总计被提交到国会三次,但因遭到了以宗一郎为首的厌恶由政府计划统制经济的产业界的强烈反对,以及其本身有可能与《垄断禁止法》相悖,社会上围绕该法案的争执不断,所以特振法最终在1964年(昭和三十九年)1月失效了。

从飞机事故中死里逃生

1963年(昭和三十八年)3月22日,在本田进军四轮车界的那段动荡时期,56岁的宗一郎遭遇了一起非常严重的飞机事故。

事故当天,因为宗一郎必须要出席在铃鹿赛道举行的活动,他便与驾驶员一起乘坐本田公司的专用飞机(吹笛人·切罗斯基号),于早上7点从调布机场起飞。宗一郎最讨厌浪费时间,坐新干线的话要两小时以上,所以宗一郎不想坐,因此他选择了速度快、效率高的飞机。虽然他自己也想拿到私人飞机驾驶员的驾驶执照,但由于他不擅长笔试,所以最终也没能通过考试。事故当天,为了积累飞行时间的业绩,他就自己掌握操纵杆,让驾驶员坐在旁边给予指导和辅助。

在晴朗的蓝天下,飞机平稳地向西行驶着。飞到静冈上空时,宗一郎注意到发动机的声音有些奇怪。好像有点漏油，便立刻联系航空局，让飞机紧急降落在自卫队的静滨基地。在此之前事情都很顺利。

修理结束后，宗一郎再次坐回驾驶座，但刚一起飞就发生了事故。宗一郎运气很差，由于突然遇上强风，飞机大幅度向右倾斜。宗一郎瞬间想起车辆踩刹车的要领，便用力踩了方向舵，飞机因此偏离了跑道，飞了出去。在飞机上升途中机尾被一根刺铁线钩住，刹那间，机头转为向上，变成了垂直上升。上升片刻后又垂直下坠，坠落至地面，螺旋桨被埋在土里，机身断成三截。万幸的是，宗一郎两人踢破侧面的门逃了出去，毫发未伤。新闻记者为了抢先报道此次事故，纷纷蜂拥而至。

那天晚上宗一郎住在名古屋的常住旅馆里，又做出了符合他风格的举动。宗一郎在名古屋站打了电话，请人帮忙把全体艺伎叫来庆祝。"今天我死里逃生，所以要隆重地庆祝一番。我把艺伎叫到店里，大家都过来吧。"[9]

宗一郎特别喜欢飞机。甚至将飞机的着陆比作人生。

飞机操纵的重点是从着陆开始也从着陆结束。举个例子，如果载满乘客的大型日本客机，飞过太平洋，一路安全舒适地抵达美国上空，却在最后一步着陆失败的话，那么一切就都完了。航空表演中翻转或特技飞行，往往博得热烈喝彩，但如果最后无法着陆的话,也是功败垂成。

人生也是如此。如果想要成为名人传记中的成功人物,无论一生多么拼命努力,只要有一点失策,就会着陆失败,一切都化为乌有。这样的人有很多,实在是太可惜了。我从年轻的时候起就为所欲为,还做过不少危险的事情,但是不会更出格了,因为我一直坚守着这一底线。当然,这其中也有好运的成分在,不过今后我也一定不会做出随便着陆的事情,会为了能得到大家的掌声而努力,好好着陆,成功降到地面上再站起来。[10]

包下京都的小镇两天来玩乐

1963年(昭和三十八年)是本田创立15周年的历史性的一年,也是进军四轮车行业的庆祝之年,因此公司内部要举行祝贺庆典。藤泽作为领头人,在公司内部发起了该企划方案的募集。实施方案不受预算制约,在应届毕业生的工资为2.8万日元的情况下,一等奖的奖金高达50万日元,堪称是巨额奖金。

短短两周,藤泽收到了452封应征方案,并从中选出了由滨松制作所第一机械科提出的"模拟国际城市之夜"企划案。即8000名全体员工于9月22日用一亿日元的预算齐聚京都,在睡觉之前尽情玩乐。宗一郎在社报上写道:[11]

将京都整个包下来实属壮举。虽然需要提前做很多的准备工作。不过大家还是放心地去玩吧。但是玩过之后可是要好好赚钱的。

东京地区的员工坐火车去京都,而距京都较近的滨松、铃鹿地区的员工则坐巴士去。服装统一为奶油色的衬衫加黑色领带。本田白天包下几个剧场,专供员工们欣赏三波春夫、弗兰克堺、三木离平等带来的超一流的艺术表演。晚上则可使用专门的代金券,在市内三所自助餐厅里随便吃喝,尽享口舌之欢。第二天则包下京都市体育馆,在此举行15周年纪念庆典。

隶属于滨松制作所第一机械科的本田高管深津贤辅氏回顾当时的活动道:

庆典是在体育馆内举办的,当本田先生和藤泽先生入场时,体育馆观众席的全体员工都"哇"地叫起来。这就是我们的领袖啊。当领袖一提出什么,我们也会有"企业必须这样发展,我们想要实现的梦想也需要这样的东西"的感觉。只要大家都努力,这个梦想便能实现。而那些根本难以实现的梦想,只是在说大话而已。我认为能感动大家,让大家勇于鼓起干劲的目标,才能称作梦想。[12]

在全体组员授意下,公司将第一机械组获得奖金的一部分捐赠给了滨松市,当作在工厂附近的十字路口设置信号灯的费用。

制造世界最棒的 F1 赛车

1964 年（昭和三十九年）1 月 30 日，本田召开了记者招待会，正式宣布获得了最高级别的赛车比赛，即 F1 世界锦标赛的参赛权。5 月举行的摩纳哥大奖赛将成为首次参赛的舞台。

从 1962 年（昭和三十七年）开始，宗一郎便采取具体行动应对 F1 挑战。同年 8 月，宗一郎向研究所下达了设计 F1 发动机的指示。这年秋天，欧洲的汽车杂志采访时，宗一郎回答道："一年之内，我会让大家看到我们自己的 F1 赛车上装载了划时代的发动机。"[13]

原来，宗一郎在很久之前便讲过要参加 F1 的挑战。1957 年（昭和三十二年），也就是在参加马恩岛 T·T 比赛的两年前，在招聘第三科科长中村良夫的面试时，中村就问宗一郎有没有考虑过进军 F1 比赛，宗一郎回答说："行不行我也不清楚，不过我想试试。"[14]

毫无疑问，宗一郎担任了 F1 项目的领导者，首先从决定发动机型号开始，宗一郎便希望研制出能发挥最高马力的 F1 发动机，并且亲临现场指挥。发动机的设计负责人回忆被大家称为"老爹"的宗一郎时说：

老爹自己工作也很拼命。夜晚他也会来到设计室，和大家讨论完怎么做比较好后才回家。第二天早上又会来到设计室，想下一步该走的方向。老爹是不睡觉的。这种状态一直持续着(后略)。[15]

宗一郎在设计现场的努力得到了回报,最后真的研制出了这样的发动机。发动机被命名为 RA270E,是日本第一个 F1 发动机,最高功率可达 220 马力、转速为 1.2 万 RMP。在当时的 F1 发动机中,它的马力是最大的。

F1 发动机一被研发出来,宗一郎便开始寻找推销商。就这样,刚进军四轮车行业的本田,连制造车身的时间都没有。

很快,中村远赴欧洲,访问了多个 F1 团队,当他刚想与英国的团队"莲花"协商时,莲花团队便自告奋勇与他合作。该团队的战绩很好,对本田来说是万里挑一的合作对象,但莲花团队却讲出很失礼的话:一旦与本田确立了伙伴关系,莲花可能会由于本田单方面的原因而最终走向破产。因为本田一旦为协助莲花的捷豹公司供应 F1 发动机的话,莲花就不得不使用本田的发动机。

听闻这个报告的宗一郎当场就作了以下慷慨激昂的发言:"我虽然没有经验,但我们有技术。无论花费多少钱我们也要制造出世界最棒的 F1 赛车。"

看了刚刚完工的发动机原型后,宗一郎生气地吼道:"这是什么呀!你们想要制作出像狗窝一样的汽车吗?"在航空飞机零

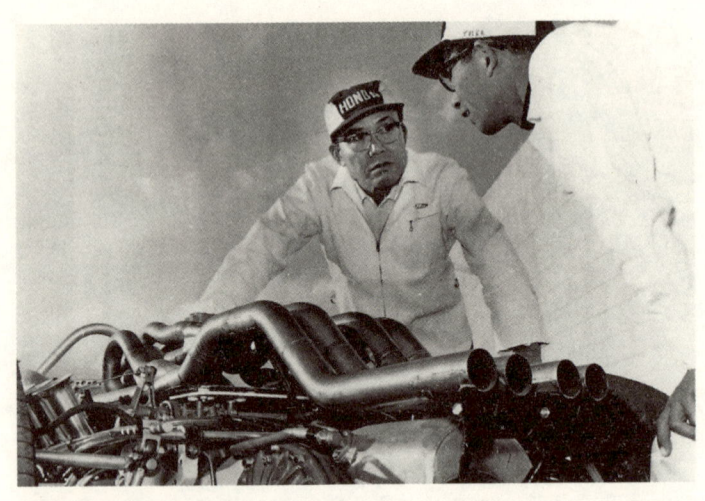

挑战下,锦标赛,与中村良夫(右)一起。1966年

部件制造部为车身整体结构钉铆钉时,由于宗一郎对他们的钉入方法十分不满,便下达了更改的命令。这时的宗一郎已57岁,但依然固执、强硬,是个身体康健的老头。

就这样,完工的车体装载着先进的发动机,本田在德国大奖赛上实现了F1的首次亮相,比预计要参加的摩纳哥大奖赛晚了3个月。[16]

预选赛的比赛要耗时一周多的时间,在决赛中本田虽然将最高得分追到第9名,但在剩下的三周时间里,赛车变得破烂不堪。首场比赛实在是场苦战。

这使宗一郎变得焦躁不安。但他还是亲自在现场鼓励大家"一定要赢"。研发人员为了响应他的斗志,便自主研发燃料喷射装置等,在研发现场不眠不休地努力着。

在第二次参赛,即在 1965 年(昭和四十年)10 月举行的墨西哥大奖赛上,本田首次获得了胜利。本田的驾驶员——里奇·银鲨,在比赛开始后,便一直跑在第一位,直至终点,取得完胜。[17]

得知获胜后的宗一郎,表达喜悦的心情道:

既然我们开始做汽车,就要将"走最困难的路"作为我们的信条。无论输赢都要找出原因,提高产品质量,因为我们有义务为用户提供更安全的汽车。既然要做,就要敢于选择走最困难的路,所以我才决定出战大奖赛比赛。即使赢了也不要骄傲,找出获胜的原因,将技术不断运用到新车上。[18]

宗一郎后来被问道:为什么花费大笔金额去挑战 F1。他回答说:"因为赛车比赛是汽车奔跑的实验室。"[19]

N360 的热卖和缺陷车骚动

1966 年(昭和四十一年)被称为私家车元年。日产在 4 月宣布生产出排气量 1000CC 的小排量桑尼汽车,丰田也在同月推出排气量 1100CC 的花冠。为了跟上这股潮流,本田在 10 月召开的东京汽车展上推出了轻型轿车 N360。

这辆车的项目领导是宗一郎。他在四人乘的两箱轿车里装载了气冷式发动机,把机构空间压减到最小,使四个人也能舒适地乘坐,这大大提高了乘坐舒适度。这种驱动方式并不是降低乘坐舒适度的向后轮传送发动机动力的螺旋桨轴式后轮驱动(FR),而是采用了前轮驱动(FF)。所以,本田融合了摩托车的发动机技术,使其功率可达到 31 马力,大大超过了当时的轻型轿车的平均水平——20 马力,排气量达到 354CC。高输出的发动机与宽阔的乘车空间在车展上吸引了众多眼球。

翌年 2 月,N360 一经发售,立刻人气爆棚。5 月,它的销量突破 5000 辆,一举从富士重工的斯巴鲁 360 那里夺取到轻型汽车月销量第一的宝座。这不仅源于其性能好,还得益于它 31.3 万日元的超低价。与此同时,斯巴鲁 360 的售价为 33.8 万日元,其他的轻型轿车大多也都比 N360 贵 5 万日元以上。当时小型汽车年销量最多可达 6 万辆,其中被用户冠以"N 时"爱称的 N360 每年都能销售一万多辆,可谓是大受欢迎。[20]

但是,在那之后 N360 却面临了极为残酷的命运,成为由美国发起的消费者保护运动的牺牲品。

该运动的领导人是一名律师,叫作拉尔夫·奈达。1965 年(昭和四十年),在美国出版了名为《汽车的危险性与速度无关》

一书，他以销售缺陷车为由，将GM告上了法庭。从那时起，拉尔夫逐渐上升为消费者保护运动的领导者。

这个运动甚至影响到了日本，1970年（昭和四十五年）5月，一些人以监视汽车厂商为目的，成立了日本汽车用户的消费者团体。他们模仿奈达，展开宣传活动以确定日本是否有销售缺陷车的行为。所以，在当时人气最旺的轻型轿车N360便成了他们的目标。

他们召集了在驾驶N360过程中遭遇过事故的司机，向他们咨询了相关事宜后，得出"行驶速度为80公里每小时时，车子就会突然开始蛇行"的结论，从而将其盖上缺陷车的烙印。媒体也对此大肆报道，逐渐闹到了国会。1970年（昭和四十五年）8月，用户团体代表死亡事故的家属，以间接杀人的罪名，在东京地方检察厅特搜部起诉了本田的领导人宗一郎。[21]

最终，特搜部以东大工学科教授的鉴定结果为基础，得出了事故和车辆结构达不成因果关系的结论，做出了不给予宗一郎起诉的判决。但是，自N360陷入缺陷汽车的运动后，它的销售额暴跌，最终被迫停止生产。

宗一郎确信N360不是缺陷车，因此他对这次事件感到非常痛心。在其他汽车制造商的领导都一筹莫展的情况下，宗一郎与拉尔夫·奈达会谈，并坦诚地交换了意见。

1971年（昭和四十六年）3月，宗一郎首次在世人面前讲述了该事件。

面对周刊杂志"（关于缺陷车问题）您有没有向某些人大声怒吼过：你们是不是太不像话了？"的提问，他回答道：

即使说了这些话也没用。因为他们确实是驾驶着我们公司的车出的事故。但是，关于是否有缺陷尚未得出结论。等一切都过去，再回过头来看，人们一定会称赞我们：啊，本田在那个时候真的很隐忍啊。虽然我们的副社长（藤泽）和我都是急性子的人，但是，对于这件事我们都不约而同地选择保持沉默。（此处有删减）我们必须考虑提供给客户的产品是否能够正确安全地使用，是否会让客户利益受损。我认为这是我们以后最应该反省的地方。[22]

注释：

1   中部博 [2012]，《校定本本田宗一郎传》（三树书房）316~318页，以下简称为《本田宗一郎传》。《本田宗一郎为梦想注入力量——我的履历表》（日经商务人文库）108~112页，下面表述为《为梦想注入力量》。
2   上述《为梦想注入力量》109页。
3   上述《本田宗一郎传》326~327页。
4   上述《为梦想注入力量》21页。
5   上述《本田宗一郎传》327页。

6 上述《为梦想注入力量》14 页。

7 上述《本田宗一郎传》327 页。

8 根据 1995 年 2 月 5 日放送的 NHK 制作的《筑造战后经济的勇士们》。本书引用了本田技研工业股份公司的 [1999],《想要继续讲述的事情——挑战的 50 年》(该公司) 的 79 页。下面表述为《想要继续讲述的事情》。

9 上述《本田宗一郎传》312~313 页。原田一男·胡麻书房新社编辑部 [2012],《本田宗一郎先生,一生的梦想——人类·本田宗一郎的真面目》(胡麻书房新社) 249~251 页。以下表述为《本田宗一郎先生,一生的梦想》。

10 上述《本田宗一郎先生,一生的梦想》252~253 页。

11 上述《想要继续讲述的事情》297 页。

12 深津贤辅氏的采访。

13 伊丹敬之 [2010],《本田宗一郎——不试试看怎么知道》(弥涅尔瓦书房) 152~153 页。

14 中村良夫 [1994],《孤身一人的风云人物——我与敬爱的本田宗一郎的 35 年》(山海堂) 29 页,此外本书引自上述《本田宗一郎传》154 页。

15 上述《为梦想注入力量》123 页。

16 上述《本田宗一郎传》337~340 页。

17 同上书,342~343 页。

18 上述《想要继续讲述的事情》276 页。

19 同上书,42 页。

20 上述《本田宗一郎传》350~353 页。

21 上述《为梦想注入力量》134~135 页。

22《产经周刊》1971 年 5 月 3 日号,本书引用了上述《本田宗一郎传》361 页。

V．英雄，迎来黄昏时代

事与愿违的执着

让我们把时间稍微往回倒一些，回到因 N360 的大热而备受关注的本田将进军小型轿车领域的那段时间。1967 年（昭和四十二年）7 月开始，宗一郎便计划着他一直以来的愿望，即生产之后被本田公司取名为"1300"的普通轿车。

宗一郎提出了"要在丰田、日产之前，制造出配有高输出气冷发动机的高级轿车"这一目标。他坚持使用气冷发动机的原因之一是 N360 的气冷式发动机此前大获成功。而且，在当年 8 月，他还启动了将 F1 发动机也改为气冷的项目。

宗一郎的口头禅便是："气冷的优点是不会过热。由于在极度低气压下水会沸腾，水冷发动机也会发生故障，但气冷发动机就不会。第二次世界大战中，在非洲的沙漠地带，德国的库尔德将军带领的坦克部队之所以能大败英国军队，便是因为他们的坦克是气冷式。因为不需要水，只要有汽油和机油，就可

1967年（昭和四十二年）60岁 "水冷气冷争论"升级，不断白热化

以在沙漠中任意移动。但气冷的唯一缺点是噪声太大。"

当然，在开发"1300"的过程中，宗一郎并不只是专注于发动机。担任开发前沿指挥的他，每天都会去技术研究所，多次下令变更设计。经常会使工作人员因频繁变更设计而感到劳累过度。技术研究所所长杉浦英男实在看不过去，于是设立了一个宗一郎专用的"社长专柜"，恳求道："您不用直接跟负责人说，如果有意见的话，请在这里详谈。"[1]

1968年（昭和四十三年）10月，"1300"公之于世。车展上的评价也非常高,在终于进入批量生产的时候,追求完美的宗一郎此时又下达了变更设计的命令,使发售延期了一个月。宗一郎把组装好的车体拆开,卸掉发动机,只是为了更换里面的一个零部件,更换完后便再次重新组合车体,只有他乐于强迫执行这种前所未闻的"生产线反送"。1969年(昭和四十四年)5月,产品终于开始发售,不过与宗一郎满满的干劲儿相反,产品销量一直业绩平平。即使新产品受到车迷的追捧,但大众并不买账。于是,在3年后的1972年(昭和四十七年),这款新产品最终被迫中断了生产。前面提到的杉浦总结道:

一个非常有实力并且在技术方面也排在第一位,尤其是经历过巨大的成功的人,这样的领导人,若是没有达到他想达到的目标,是不可能中途放弃的,这也是这种企业的理念核心。[2]

发动机的水冷气冷之争

这位强势的创始人无论如何也要坚持走气冷路线,而与之相对,本田公司内部持有不同看法的人逐渐增多。这个契机源于制造技术方面的门外汉——藤泽。藤泽给杉浦打了一个电话,问:"我们家的发动机费用为什么那么高,请解释一下。"

杉浦决定带着久米是志一起去找藤泽。

实际上在技术研究所内部,关于"气冷还是水冷"的争论也一直不断。年轻的技术人员是水冷派。久米这位设计主任研究员就不得不扮演调解双方的角色,对此他感到很苦恼。当然,他自己也是水冷派。他曾说过这样的话:"本田先生已经引发了严重的技术争论。有时,我也会生气冲动,甚至有一个月左右没去公司上班。因为气冷发动机一旦发热就很难处理,可是本田先生这位天才,为什么就想不明白发动机一旦变热,发动机罩的涂料就会变色呢。这种做法不适合产品,是我经过了认真考虑得出的结论。"[3]

1969年(昭和四十四年)8月,除了久米以外,杉浦还带了另外两位年轻技术人员,去往藤泽经常下榻的热海旅馆。

久米等一边通过对比气冷和水冷,向藤泽说明各自优缺点,一边说明转换成水冷发动机的必要性。关于藤泽想知道的成本问题,他们回答道:"由于本田的发动机是气冷式,我们需要大量使用铝去防止机体过热和噪声的产生,但这也导致车的重量变大,成本也跟着提高。"藤泽默默听完他们的解释后,对他们说道:"把今天讲的话再向社长汇报一遍吧。"

第二天早晨,四人坐车从热海前往位于埼玉县和光市的技术研究所。几小时后,杉浦敲开了社长室的门。宗一郎正坐在沙发上浏览文件。

"哟,这是发生了什么大事吗?"

宗一郎看起来心情不错，但杉浦一脸沉重，开口讲道：

"社长，其实我们在热海见过副社长，此次前来是拜托您允许研究所研发水冷发动机，您能接受我们的请求吗？"

一瞬间，宗一郎脸上的微笑消失了，因为他们又老调重弹了。宗一郎又要讲一遍气冷发动机礼赞论了。不过，杉浦等既然已经跟藤泽明确表明他们的诉求了，便不会轻易退让。虽然他们的争论持续到深夜，但最终还是没能说服宗一郎。[4]

你是社长，还是技术人员

一个月后，也就是同年9月，宗一郎在轻井泽举行了技术研究所的研修会。藤泽作为观察员也参加了该次会议。各小组轮流发言之后进入自由讨论环节。某一小组又提出了有关发动机的议题，于是会议上再次引发了使用水冷，还是气冷的激烈争论。不过不知不觉间该争论就因为新车的问题一带而过了，大家又开始批评"1300"。最后，大家讨论得出"从今后不断增大的废气对策层面来考虑，比起气冷，也更应该选择水冷"的结论。[5]

一位技术人员说道："目前为止，本田通过气冷四冲程发动机实现了高马力旋转。但是在废气应对方面则恰恰相反，也就是说若不以低马力旋转，本田就无法解决废气问题。"

"这对其他企业有利吗?"藤泽问道。

"不,只有以低旋转马力的技术才能做到这件事,但在理论上说我们无法实现这个技术。看到高旋转燃烧的极限后,我们才首次想到这个理论。"

"我们可以做到吗?"

"社长坚持气冷,但我觉得没有实现的可能。若不尽早转换为水冷的话,一切就来不及了。即使实现水冷的可能性很大,但谁也不能保证绝对做到。"[6]

之后的事只能藤泽自己想办法了。在藤泽回到东京的第二天,他便去找宗一郎,向他转达了技术人员的意见。

"不是呀,气冷也一样啊。跟你解释估计你也不懂。"

藤泽也毫不退让。

"你是作为本田公司的社长来考虑公司的走向呢,还是作为技术人员?是不是应该选择一个啊?"

听了这句话,宗一郎在短暂的沉默后这样回答。

"那么,我还是应该选择当社长吧。"

"可以研发水冷吗?"

"可以。年轻人希望这么做那就这么做吧。"[7]

第二天,宗一郎招集了全体技术人员,在听取了大家的愿望后,下达了研发水冷发动机的指示。1971 年(昭和四十六年)

5月12日,本田的首辆水冷发动机汽车"生活"号上市了。

迅速应对《玛斯基条例》

从那时起,世界范围的废气污染成为严重的社会问题。1966年(昭和四十一年)7月,运输省发布了废气排放的基准。翌年推出了公害对策基本法,1968年实施了大气污染防治法。1970年(昭和四十五年)7月,在东京杉并区环8号线附近的一所立正高中内,因为产生了"光化学烟雾",有几十名学生出现了呕吐,甚至晕倒的情况。("光化学烟雾"是排出的废气与太阳光发生反应后产生的烟雾。)之后东京都便设立了光化学烟雾观测体制。

美国更早之前就已经采取了行动。同年12月,美国决定实施一项严格的法律,即自1975年起将一氧化碳和碳氢化合物排放量,以及1976年起氮氧化物的排放量分别降到之前的1/10,达不到条件的汽车都被禁止销售。根据提案的上议院议员的名字,该项法律被称为《玛斯基条例》。全世界的汽车制造商都高呼"不可能",纷纷举白旗表示抗议。

1966年(昭和四十一年)9月,本田在技术研究所内成立了专门考虑排气对策的大气污染研究室(通称AP研。AP是英语Air Pollution的缩写)。他们以年轻人为中心,从各种部门召集了大约30名员工，每天都在研究。对于前不久还在思考如何实现高输出高旋转的他们来说，排气这个研究课题实在让他们摸不着头脑。[8]

虽然他们一直都拿不出研究成果，但宗一郎仍然鼓励他们："你们都只是在动脑思考，根本没有动手做。手脚都给我动起来。"

宗一郎认为，如果这项研究能取得成功，最晚进军汽车制造业的本田也有机会与日本汽车制造商并驾齐驱。他自己也在不断想主意。

宗一郎很讨厌当时的排气对策，即通过催化剂，使从发动机排放的有害物质产生反应，从而实现无害化的"后期处理方式"。"就像通过把粪坑的屎尿运走来处理粪坑一样，肮脏的东西如果不从源头断绝就没有任何意义。"

怎么做才能把排气中的有害物质从源头断绝呢？在成员们抱头苦想时，其中有一个叫八木静夫的人想到：从降低大气中有害物质的浓度出发的话，可以将汽油进行稀释后再燃烧，即稀薄燃烧这一创意。但是，他经过了多次反复试验都没成功。有一天，一位成员拿着一篇论文来了。论文中写道：如果在发动机的主燃烧室上方设置副燃烧室的话，我们就可以使含有低浓度汽油的混合气充分地燃烧。实际上，这与过去在苏联销售过的发动机原理相同。

在跟宗一郎商讨时,宗一郎说"不试试怎么知道可不可行?做着试试吧",这是和往常一样的回答。

以上都是以《项目X 挑战者们1》(日本广播协会)的对话为中心进行介绍,根据笔者自己对川本信彦社长的采访。川本先生的回忆如下,所以想合在一起介绍(详情请参照第三部的255页)。

我认为CVCC发动机也是老爹(本田宗一郎)想出来的。关于技术上的细节我就先略去不讲。总之"在发动机中,燃烧对大气产生污染较少的稀薄混合气比较困难。那么制作可以减轻大气污染、量少但能充分燃烧的燃料,再用火将那些难以燃烧的整体都充分燃烧不就好了"。这个想法也是本田先生提出来的。(此处有删减)这是燃烧了,但它并没有完全燃烧。那么,我们使用那些可以燃烧的东西不就行了吗?对吧。

1970年(昭和四十五年)1月,试制产品出炉。试验结果显示,虽然出现了发动机输出功率下降的问题,但只要进行改良,产品还是可以成型的。[9]

到1971年年初为止,如果带有副室的发动机是水冷串联四气缸2000CC的话,那么便可以清楚估算出一氧化碳和氮氧化物的规制值,剩下的就是碳氢化合物。

这款划时代的发动机取了"Compound Vortex Controlled

Combustion"(复合旋涡流变速燃烧)的首字母,命名为"CVCC"发动机,并于1971年(昭和四十六年)2月,由宗一郎在东京大手町的经济团体联合会会馆亲自对外公布。"可以通过玛斯基条例废气限制的往复式发动机CVCC的开发有了眉目,所以两年之后我们计划对其进行商品化。"[10]

在开记者招待会之前,宗一郎曾对八木讲过:"既然交给你们了,那你们无论何时也不能说办不到之类的话。如果出现这种问题,公司就会倒闭,所以只能说'我做到了'。"八木回顾宗一郎的"行为"说:"感觉他把人推上两层楼后,便随意拿走梯子还会在下面点火(笑),让你根本无路可逃。"[11]

"为孩子们留下一片蓝天"项目

宗一郎计划成立CVCC项目。在1972年(昭和四十七年)年底,为了履行诺言,宗一郎把汽车开到美国环境保护厅,主动要求其证明自己车上的发动机可以通过《玛斯基条例》。后来,久米被提拔为领导人,并在这一年的3月开始着手被命名为硫磺岛登陆作战的项目,两个月后这个项目扩大到400人。

宗一郎激励大家说道:"如果项目成功,本田就可以成为与世界王者的汽车制造商、三巨头并驾齐驱的企业,机不可失。"对此,年轻成员持有不同观点。有一天,中心成员的石津谷彰在早会上讲:"为孩子们留下美丽的蓝天。"这句话一直在他们内心回响着。所以,员工们并不是为了本田获得胜利、提高利润才开发发动机,而是为了能给子子孙孙留下不被废气污染的澄澈蓝天。

一位成员向当时的河岛专务提出了建议:"不想听老爹讲那些话。"河岛在跟宗一郎同乘一辆电梯时,跟他讲了此事。宗一郎便露出惊讶的表情,"啊,我知道了……这样啊",他自言自语道。大概是因为这件事,宗一郎渐渐开始远离项目现场。[12]

宗一郎65岁的时候,年轻的技术人员层出不穷,他这种年老的天才技术员工已经走向没落。虽说是自己创办的公司,也不能一直高高在上,处于巅峰。

1971年(昭和四十六年)4月,CVCC发动机开发项目在市场上十分受欢迎,本田公司的常务董事——西田通弘去技术研究所拜访了宗一郎。虽然宗一郎是本田公司与技术研究所的社长,但他很少在总公司露面,而是每天都去技术研究所上班。与年轻的技术人员交流、参与研究开发是最让他开心的事,只有这样才能让他感受到生活的乐趣。西田是河岛喜好、川岛喜八郎二人的常务董事兼专务董事,他还得到了白井孝夫的支持,所以有机会来到这里工作。

西田一边闲谈,一边说:"研究所已经培养了很多人,所以我认为差不多是时候考虑移交工作的事情了。"

宗一郎立即讲道:"说得好。"

他流下喜悦的眼泪,继续讲道:"我今天就辞职。"

此后大约过了10天,即4月27日,河岛喜好担任了技术研究所的社长(如前面提到的那样,宗一郎是本田技研工业和技术研究所两个公司的社长,技术研究所是本田公司的子公司)。

西田回想道:

"本田先生一心扑在工作上,专心工作的时候会无视其他东西。明明平时完全不在意人事问题,但那时他却说我全都理解,或者说我很高兴。"[13]

通过《玛斯基条例》

那时,CVCC项目仍然面临重重困难。仅仅在发动机机内处理这一项,碳氢化合物(HC)的值就总下不去。

5月,项目开始看到希望。研究人员用宗一郎讨厌的催化剂秘密试验并取得了成果。为了加热催化剂,他们将排气管道的材质改为导热性能良好的不锈钢。实验时由于废气的热量太高,排气管自身被烤坏了,但与此同时,原来怎么也减少不了的碳氢化合物数量却大量减少了。

从那时起,项目取得很大进展,他们便决定制作"容易变热,

1972年10月12日,在东京·赤坂的王子酒店大厅里举行的CVCC发布会上的本田宗一郎

但不易破损、坚固的排气管"。最终排气的持续热量可以让排气管道内部产生氧化反应,成功降低了碳氢化合物值。通过《玛斯基条例》这个任务,在宗一郎去除催化剂装置的建议下,逐渐有了眉目。

1972年(昭和四十七年)10月12日,在东京赤坂的王子酒店大厅里宗一郎举行的发布会上,中央放置着完工的CVCC发动机。宗一郎带领的开发团队,满面春风。

把配备有该发动机的车带去美国的EPA,并验证发动机通过了《玛斯基条例》后才能算是真正完成。[14]

同年12月5日,以久米为领导人的实验队伍远赴美国位于密歇根州东南部的安纳巴的一个EPA测试场。由于本田没有合适的汽车,情急之下,他们便把CVCC发动机装在日产的尼桑上。

测试开始4小时后,"恭喜!"检察官的声音突然响起,他证实CVCC发动机成功通过了《玛斯基条例》。[15]

与藤泽携手宣布退役

在此之前,也就是1972年(昭和四十七年)7月,四扇车门、排量为1200CC的小型轿车"市民"号开始发售。这款汽车作为水冷发动机的汽车充分吸取了"1300"号的失败教训。第二年,继"市民"号之后,刚刚完工的配备了CVCC发动机的汽车也开始出售。在1973年(昭和四十八年),"市民"号由于特异的梯形设计成为日本年度最荣光闪耀之车。宗一郎在开发这个车的时候几乎没有干涉过现场工作。

回顾一下,CVCC发动机和"市民"号的成功似乎是在宗一郎功成名就后的引退时期。他也坚定了继技术研究所后从本田公司(本田技研工业)的经营中抽身的想法。

这个时机意外地到来了。1973年年初,藤泽对上文提过的西田讲道:"我打算在今年的创立纪念日退休。希望你能代我向

本田先生传达此事。"在西田和宗一郎面谈后,宗一郎立刻说:

"那么,我也要退休。"

"这是一件很美妙的事。两人的步调直到最后也没有被打乱。"传话人西田在著作中写道。[16]

那一年10月,66岁的宗一郎辞去了本田公司的社长职务。62岁的藤泽也辞去了副社长一职。在宗一郎之后担任社长的是45岁的河岛喜好。

以下是宗一郎在公司内部发表的"辞职问候":

回想起来,我经历过很多苦难,也有很多失败,随意讲过很多让大家为难的话。不过,重要的是,全新的、重大的工作成功背后,研究和努力的课题中一定积累了99%的失败。我认为大家正因为明白了这一点,才会一路努力走到今天。和本田一起走过的25年对我来说是最充实的时光,因为我每天都可以切身感受到生活的乐趣。大家都做得很好,谢谢,真的很感谢。[17]

注释:

1 中部博[2012],《校定本本田宗一郎传》(三树书房)374页,以下简称为《本田宗一郎传》。《本田宗一郎为梦想注入力量——我的履历表》(日经商务人文库)136~137页,下面表述为《为梦想注入力量》。本书引用了本田技研工业股份公司的 [1999],《想要继续讲述的事情——挑战的 50 年》(该公司) 的 94~95 页。下面表述为《想要继续讲述的事情》。

2 上述《想要继续讲述的事情》95 页。

3 NHK "项目 X" 制作小组编 [2000],《项目 X 挑战者们执念的逆转剧》(日本广播出版协会) 237 页。下面表述为《项目 X》。

4 上述《为梦想注入力量》139~140 页。上述《本田宗一郎传》第 398~399 页。山本治 [1996],《本田的原点——企业参谋——藤泽武夫的经营战略》(成美文库) 230~241 页。下面表述为《本田的原点》。

5 上述《本田的原点》230~241 页。

6 藤泽武夫 [1974],《火把在自己手中——与本田同在的 25 年》(产业能率短期大学出版部) 101~103 页。

7 上述《本田宗一郎传》398~399 页。上述《为梦想注入力量》138~140 页。上述《想要继续讲述的事情》151 页。藤泽武夫 [1998],《经营没有结点》(文春文库) 204~206 页。另外关于 103~106 页的内容众说纷纭,本书采用了留有记录的内容。

8 上述《为梦想注入力量》141 页。上述《项目 X》226 页。

9 上述《项目 X》227~230 页。

10 上述《为梦想注入力量》143 页。

11 上述《项目 X》239~240 页。

12 同上书,243~246 页。

13 上述《为梦想注入力量》150~151 页。上述《本田宗一郎传》403~404 页。上述《想要继续讲述的事情》151~152 页。

14 上述《为梦想注入力量》144 页。

15 上述《项目 X》250~254 页。

16 西田通弘[1996],《从本田宗一郎和藤泽武夫身上学到——"主角"和"助理角色"的研究》(PHP文库)162页,此外首版是1993年PHP研究所出版。上述《想要继续讲述的事情》153页。
17 上述《本田宗一郎传》407页。

Ⅵ. 真正有趣的只有工作

与全体职员面对面握手的旅行

虽然离开了经营第一线,但宗一郎的身心其实都还很健康。他最先做的事情是一处不落地巡游分散在全国各地的本田据点,一边与在那里工作的每个人握手,一边对他们表示由衷的感谢。

此次旅行在 1974 年(昭和四十九年)1 月 28 日开始。宗一郎想从最偏远的地区开始巡游,于是他将第一站访问地定在位于鹿儿岛县隼人街尽头的 SF(服务工厂),那里的员工只有不到 10 人。虽然事先联络过了那里的人,但他们做梦也没想到宗一郎本人真的来了,因此员工们感到心神不安,甚至手忙脚乱,同行的秘书原田一男如是写道。[1] 在第一天里,宗一郎巡视了县内的 6 处工厂,夜晚则招待各个工厂的员工共进晚餐,真的如字面所述,宗一郎一行是急行军。

宗一郎说:

我在去年秋天辞去社长一职。在我任职的25年里，公司能发展成今天这样完全是托你们的福，所以我想好好跟你们道谢。今天我终于能来拜访你们。你们总是站在第一线，听客户的各种抱怨，也肯定经历过很多痛苦的事情吧。我自16岁起便在修理厂工作，所以最明白你们的感受。正因为有了你们，才有了现在的本田技研，即使这么说也不为过。在制作所工作的员工，失败了最多被上司批评一顿，但是你们如果失败了，就会直接关系到客户，所以我绝对不允许你们失败，而且每天都必须认认真真地处理每一项工作。正因为如此，你们的工作也是非常有意义的。

员工的眼中也慢慢涌出热泪。[2]

在游历南九州的途中，宗一郎从汽车收音机中听到一条新闻：本田公司的河岛社长召开了记者招待会，讲"我们公司暂不提高价格"。由于日本列岛出现了石油危机，导致物价急速上涨，汽车厂商也纷纷发布将采取涨价的措施。在车里听到这一消息的宗一郎，刚一抵达当晚入住的宾馆，便给河岛发了封电报。

我从NHK新闻里听到了我们公司暂不提高价格的策略，这一举动很完美。代我向大家问好。[3]

该次巡游的旅程是一项大活动，它不仅包括了国内的700处据点，还涉及国外，共计耗时3年的时间。

接受公职，专注于爱好

大家都认为不该就这样让初代经营者真正退休。但宗一郎还是拒绝了各部门、地方自治团体以及各种团体的就任委员、理事、高级职员的委托。虽然"请一定要成为东京都知事"的呼声越来越高，但他本人对此好像并不感兴趣，他的妻子也表示强烈反对，此后呼声便消失了。他最中意的职位是总理府性交易对策审议委员会委员，他还担任了会长。周围的人笑话他："在这个领域，你是个了不起的知识分子。"

在这些没有"工作"的日子里，宗一郎专注于自己的兴趣爱好。他想在院子的角落里挖窑制作陶艺，便去跟妻子商量。本田夫人深知宗一郎对事物的热衷程度，他一定会一边旋转辘轳，一边注意火候，这样身体可能会过于劳累，便劝阻他放弃。于是他立马转向了画画。他接受了专业的日本画家的指导，描绘了细腻的写生画。他还经常一个人开着车出门，来场素描旅行。其中他最喜欢将富士山作为绘画的题材。

由于医生说他的腰腿有些虚弱，"为了运动"的宗一郎开始频繁打高尔夫。事实上，年轻时候的宗一郎将高尔夫运动视为眼中钉，就像"绿色茶水屋"这个词描述的那样，它是政治家和公司的董事等部分特权阶级喜爱的"大富翁体育"，所以宗一郎很讨厌它。很多朋友多次邀请宗一郎打高尔夫都被他拒绝了，他们咬牙切齿地说道:"明明以前那么厌恶它。"宗一郎反驳道:"我贬低高尔夫球的时代与现在完全不同。你们忘记了时代正在日新月异的进步。"[4]

虽不能称为兴趣,但宗一郎曾一度沉迷使用煤气制作人工鬼火,或者研制UFO(不明飞行物体)的机制。他像少年一样的好奇心没有丝毫减退。

观看本田赛车队的出色表现也是他的一大乐趣。1979年(昭和五十四年),本田在世界大奖赛比赛时隔12年后,以及在1983年(昭和五十八年)F1比赛时隔15年后分别参加了比赛。在举行比赛时,宗一郎以F1为契机,给技术研究所打了电话,说要直接去拜访那里。宗一郎满脸喜悦地从年轻的工程师那里听取比赛的报告,这样的事情已经是常态。如果比赛获胜他就会欢呼雀跃,高兴不已;如果输了,他就会怒气冲冲地讲:"混蛋!那样的赛车手应该立刻被拉去砍头!"[5]

宗一郎获得的勋章数也数不清。1981年(昭和五十六年)春,他获得了一等瑞宝勋章,1989年(平成元年)他成为第一个进入位于美国密歇根州底特律汽车名人堂(Automotive Hall of Fame)的日本人。1990年(平成二年)FIA(国际汽车联盟)高度评价他对F1的贡献,授予了他一枚金牌。[6]

因藤泽先行离世痛哭

似乎没有什么能让宗一郎真正燃烧起来。作家城山三郎曾以"前社长"为题,将其与宗一郎对话的一部分通过以下的诗表现出来。

最近怎么样?

听到我的问题,你像被训斥的孩子一样挠挠头。

每天待在家里没有可做的事,很难过。

画画怎么样啦?

越来越有趣了。

高尔夫呢?

这个嘛,还是很无聊。

那什么才有趣呢?

瞬间的停顿后,你凑在我耳边低声说道:

做起来真的很有趣的,恐怕只有工作了。[7]

1988年(昭和六十三年)12月30日,那个在工作中无可替代的合作伙伴——藤泽武夫突然病逝,享年78岁。82岁的宗一郎与夫人比其他人先赶到,并在位于六本木的藤泽家中为藤泽守夜。

宗一郎跪坐在安置好的遗体前面，合掌默默祷念。他的双眼中早已溢出大滴眼泪，顺着两颊滚滚流下。刚开始还是抽抽搭搭地哭，后来就像决堤一般号啕大哭起来。[8]

托大家的福度过幸福的一生

宗一郎也在慢慢接近最后的时刻。

1991年（平成三年）7月22日，宗一郎在位于东京御茶水的顺天堂大学附属医院住院，那时他已经进入肝癌晚期。不过，宗一郎并没有显得很痛苦，反而还很有精气神。

在宗一郎去世前连续两天的深夜里，他都会对夫人讲："你背着我走走吧。"本田夫人便按照他说的那样，背起打着点滴的宗一郎，在病房中来回慢慢地踱步。[9] "在内人面前抬不起头，所以想比内人先离世"这句话常被宗一郎挂在嘴边。这估计是他跟最爱的妻子最后的撒娇了。虽然他还有自由行动的意识，身体却变得不能动弹，但他却不想承认这一点，哪怕是被背着，他也想走动走动。

住院的第15天——8月5日早晨，宗一郎从前一天起便开始进入昏迷状态。即使这样，宗一郎生命最后的火焰还在继续燃烧着。但过了上午10点后，病情突变。上午10点43分，在最爱的妻子的陪伴下，84岁的宗一郎就像睡着了一样停止了呼吸。

本田公司按照宗一郎生前的遗言，没有在公司内部举行葬礼，而是向世界上所有人表示感谢，以举办"感谢会"的形式送别"老爹"。宗一郎生前曾这么说过："汽车制造公司的经营者，不能举行会引起堵车的公司葬礼。"[10]

位于东京青山的本田总公司从9月5日开始举行了为期3天的悼念会，从上午10点开始到下午5点结束。加上其他4个会场，悼念总人次超过6.2万。会场以S500为首，展示了宗一郎亲自参与制作的大部分产品。

宗一郎的照片被放在正中间，在鲜红的面板前，大家摆满了宗一郎特别喜欢的五颜六色的大波斯菊，到场者都会在照片前合掌悼念。照片中的宗一郎少见地打着领带，表情柔和。照片旁边用雕白印花的方法写着以下的话语：

多亏大家我才能过完幸福的一生，谢谢大家。本田宗一郎。[11]

宗一郎的墓地位于富士山山脚的富士墓园。旁边紧挨着富士高速公路，赛车发动机的轰鸣声络绎不绝。墓碑是只刻了本田两个字的又高又宽的黑色花岗石。他与99岁高寿的夫人和不幸于24岁夭折的次子——胜久一起长眠于此。

在墓地的一角，还有另一块竖长的墓碑。那是宗一郎生前从滨松搬迁过来的他父亲——仪平亲自雕刻的本田历代祖先的坟墓。

宗一郎的墓地位于由山脉形成的广阔高地上，旁边是日本开发银行的第一任总裁——小林中，再旁边是政治家——安倍晋太郎，然后是岸信介等。宗一郎与这些著名人物共同长眠在自由墓地的一角。这一带的墓碑大都朝南，或者有写有本人的经历的墓志铭，但不知为何宗一郎的墓碑向西，也没有墓志铭。

另外，从那里下去，有一片小规格面积的墓地，该墓地的墓碑都是朝东或向西。大多数都是没有名字的普通人的墓，同样没有墓志铭。

俗话说"天子面南"。然而最讨厌模仿、追求人人平等的宗一郎大概是这么想的："我不是天子只是平民。而且，这边更能经常看到富士山啊。"因此他才会选择了向西吧。

注释：

1 原田一男・胡麻书房新社编辑部 [2012]，《本田宗一郎先生，一生的梦想——人类・本田宗一郎的真面目》(胡麻书房新社) 125 页。

2 同上书，132 页。

3 同上书，136 页。

4 同上书，271 页。

5 中部博 [2012]，《校定本本田宗一郎传》(三树书房) 419 页，以下简称为《本田宗一郎传》。

6 本田宗一郎 [2001],《本田宗一郎为梦想注入力量——我的履历表》(日经商务人文库) 206 页。

7 城山三郎 [1992],《分店长的人生转折》(讲谈社) 8~9 页。

8 上述《本田宗一郎传》422~423 页。

9 井深大 [2010],《我们的朋友本田宗一郎》(胡麻书房新社) 158 页。此外初版是于 1991 年,由胡麻书房出版。

10 同上书,230 页。

11 本田技研工业股份公司的 [1999],《想要继续讲述的事情——挑战的 50 年》(该公司) 322~323 页。

第二部　论考

本田宗一郎究竟是什么样的人
通过个人的经验编织普遍性的天才

I. 实践型知识领导，六种能力

跳跃性思维

如果要将人类创造知识的方法论分类，可分为演绎和归纳两大类。

演绎是把重点放在理性上，从一般规律中导出个别答案，是自上而下的分析性推论。

例如，有一个"所有人都会死"的命题。与之相对应，如果把"苏格拉底是人类"这一命题代入进去，就会得出"因此，苏格拉底会死"的结论。这个命题的结论在我们看来是理所当然的事情，因此很多事情都变成了凡庸的三段论。

而归纳则是将经验作为想法的种子，从个别的、具体的事例中导出一般规律，是自下而上的扩张性、验证性推论。

以天鹅为例，若人们看到成百上千只天鹅，并且这些天鹅都是白色的，便可以从这里推出"所有的天鹅都是白色的"这一命题。但是，1697年人们在澳大利亚发现了黑天鹅，所以该命题被证明是错误的。因此"大部分的天鹅都是白色的,但根据特定条件,有些天鹅的体毛会变黑"。这一命题才是正确的。与前面的"苏格拉底会死"相比,它绝对是具有创造性和价值的命题。

演绎一定要从正确的命题出发,并且只能将命题代入适用的事件中,因此人们常常不可能得出超出命题本身的新发现。归纳则是从收集的事实中导出一个共通的命题。也就是说,比起演绎法,归纳法更适合创造新知识。

然而从个别具体的事实导出普遍命题时,会出现像前面那样"所有的天鹅都是白色的"这种看似是理所当然却过于直截了当的事情。虽然这样做有些牵强,但采用跳跃性思维能使人获取更具创造性的知识。

这种跳跃性思维被称为溯因法,在日语里被翻译为假说形成。虽然这个是归纳法的一种,但从它观察某一事实开始,到它能推断出与它完全不同的类型,这一过程和结果往往是一种不可能直接观察的事实,是一种扩张性和追溯性的思维方法。

宗一郎擅长溯因法。前面提到的从锤子敲击的声音便能瞬间知道车身质量不好的例子便属于溯因法。除此之外还有其他类似例子。

某辆车的项目队长(本田将其称为LPL =Large Project

Leader）在车上安装了一个特别的装置：一打开收音机的开关，车身便会自动伸出天线。这位队长自豪地向前来参观学习的宗一郎演示了该操作，他原以为宗一郎会非常高兴，谁知道在天线伸出的一瞬间，宗一郎直接就用手拔下了这个天线，并且大发雷霆。"这个东西是安装在靠近人行道的那边吧。在停车期间，万一刺伤了从车旁路过的孩子的眼睛，你说怎么办？"[1]（本田OB 原茂男采访）。

在看到汽车侧面伸出的天线时，宗一郎在脑海中立刻浮现出孩子路过的情景，并在一瞬间得出天线可能会刺伤孩子眼睛的假说。宗一郎正是运用了溯因法，得出假设的过程可能用了连一秒都不到。这并不是通过在脑海中思考论证得出的推论，而是通过敏锐的感知能力及一闪而过的机智，无意识地推出这一假说。也正是因为宗一郎的推断，他并没有下达"把它取下来"的指示，而是亲手折断了天线。从这里可以看出宗一郎为了确保自己产品的安全性，不让其成为杀人工具的坚定态度和他拥有的伦理观念。

成为勇于尝试的人

运用直觉、通过身体下意识的判断来思考事物，并且擅长形成跳跃性假说的宗一郎最尊重实践。他曾讲过这样的话：

人生,是由看、听、尝试这三种智慧汇聚而成。其中,我认为尝试最重要。世上的技师虽然会大量地去看、去听,却几乎没有去尝试的。[2]

宗一郎毕业的静冈县滨松市(当时是静冈县磐田郡光明村)的山东小学已经停办了,不过之后该校与另一所学校合并为现在的光明小学。该小学沿袭了那句"成为勇于尝试之人"作为校训,就连学校入口的石碑上都刻了这句话。

当本田公司出现"那是不可能的吧""恐怕不行吧"之类的话后,人们消极的情绪都会因宗一郎"试都没试,在这说什么呢"的棒喝而立刻烟消云散,这些在本田公司早已成为司空见惯的事情。[3]

没有进行过彻底的尝试,就不允许放弃。本田的第四任社长——川本信彦,是最后一任亲聆宗一郎教诲的社长,我采访他时他这样说道:

本田先生的极端之处在于如果有人对他说类似"这样做很顺利"的话,一般人都会讲一句"很好"便没事了,但他会告诉你"再往前做一点"。如果有人对本田先生讲"再做下去会失败"的话,他会讲"失败就失败吧"。大家本想着进展很顺利,所以没有必要冒险,但他会追求"再多往前做点吧"。如果尝试不顺利的话,他才会说"原来还是做不到这种程度啊"。这就是本田宗一郎先生的工作理念,我认为这也是他能不断迸发出创造力的一个支点。也就是说,他会努力将事情做到极致,直到无能为力。(此处有删减)

如果实在做不到的话,那么做不到的程度有多大?做到哪一步才变得做不到?他会继续做下去,直到极限为止。即使进展顺利,他也需要清楚做到哪一步了。我已经把"这些你都做到了吗?"这句话铭刻于心了,不过这只是发散思维的一个手段,也是本田先生的一个特点。[4]

宗一郎擅长用整个身体去获取信息,接着就形成直观的假设。他最崇尚实践,所以说他是一位活跃在工作最前线的工匠型领导人。

换句话说,宗一郎具备亚里士多德倡导的"拥有卓越的实践知识",是一位实践知识型领导人。

具备卓越的实践知识的领导人

卓越的实践知识是指趋向实现社会崇尚的"善事"(共通的善),在考虑事物的复杂关系性和语境的同时,可以做出及时、适当的判断和行动,这便是伴随身体性的实践型知识。它在日语中常被翻译为远见、实践型知识、实践理性,我本人则喜欢把它理解为远见的实践知识,简称为实践知识。

对于亚里士多德来说，著名的政治家伯里克利才称得上是具备卓越的实践知识的领袖（他将其称为实践智者）代表，他是古希腊、雅典的政治家，开创了被称为伯里克利时代的雅典黄金时期。

以这个卓越的实践知识为开端，我深入考察了古今中外的许多优秀的政治家、军事家、企业领导，总结出了实践知识型领导人都具备以下6种能力（其中，我认为英国政治家丘吉尔是典型的实践型智者[5]）。

（1）树立"好"目标的能力；

（2）直视真实和现实的能力；

（3）适时造势的能力；

（4）讲述直观本质的能力；

（5）实现其构思的公关能力；

（6）组织实践知识的能力。

如果不树立好目标，就不足以成为好的领导。如果不能正确掌握真实情况，就无法恰当地预测未来，采取合理对策。如果没有适时造势的能力，就无法集思广益，制定整体秩序。如果没有巧妙说明的能力，就无法说服他人，让他人振奋起来。如果没有公关能力，优秀的构想也无法付诸行动。如果不能将实践知识扩展到组织里，就无法培育接班人，组织也无法永存。

用同一标准鉴定两位领导人

宗一郎正是上述所讲的那种领导人。不过若是企业领导人的话,需具备以下六点:①准确定义理念、理想以及本田公司在社会上存在的原因;②准确把握变化莫测的经营环境;③让成员拿出干劲;④加入自己的构想;⑤运用权谋术数取得成就;⑥不放松对后辈的指导和培养。

接下来,我们要从这6个条件来看宗一郎的领导能力,不过在此之前,我想事先说明一下。说起本田这个企业时,值得一提的是和宗一郎一起作为经营者的藤泽武夫。宗一郎负责技术开发和制造产品,藤泽负责管理。宗一郎自己讲道:"藤泽武夫才是公司实际的社长,我只是一名技术人员。"他们二人各尽所能,联手经营着本田。

因此,在宗一郎之后,我也想讲讲藤泽的领导能力。

先稍微阐明一下结论:即使宗一郎已经充分具备了上述6种能力,但仅凭这些,他还不足以胜任本田公司"社长"一职。而藤泽的能力恰好完善和补充了宗一郎的不足之处。具体而言,就是通过发挥上述(4)~(6)的能力进行完善。两位领导人相互影响、相互补充、关系密切。

接下来,我们对藤泽和宗一郎的能力与功绩进行严格的区分,便可以更加鲜明地了解到宗一郎领导人的形象。

本田宗一郎和藤泽武夫 1949年之时

在全本田创意大赛上 1972年

注释：

1 原茂男先生的采访。
2 本田宗一郎 [2008]，《心直口快》（PHP 研究所）11 页。这本书的第一版是 1960 年，在《汽车周刊》公司报纸上刊载。
3 本田宗一郎 [1958]，《我的手会说话》（讲谈社文库）18 页。本书的首版是在 1982 年。
4 川本信彦采访。
5 关于丘吉尔，引用了野中郁次郎的 [2013]《解说从丘吉尔的"卓越的领导能力"中能学习到什么？》；以及保罗·约翰逊著的《丘吉尔——不屈的领导能力》（日经 BP 公司）在 267~320 页有详细记录。
另外关于卓越的实践知识的部分，在野中郁次郎·荻野进介的 [2014]《历史上最大的决断——成功指挥"诺曼底登陆作战"的卓越的领导能力》（钻石社）中 341 页以后有详细记录，所以笔者也参照了此处。

Ⅱ. 本田宗一郎的卓越实践知识

（1）制定"好"目标的能力
制作的喜悦，销售的喜悦，购买的喜悦

制订能让人才聚集起来的好计划，并具备能够从个别情况中判断出哪个是好计划的能力。

亚里士多德在《尼科马科斯伦理学》中这样写道："所有的行为和选择都在祈求某种善。"对于领导来说，祈求的善越大，就会有越多的人参与进他的计划中去。

宗一郎把"三种喜悦"定为本田的标语。即制作的喜悦、销售的喜悦、购买的喜悦这三种喜悦[1]（《公司史（7年史）》）。

制作的喜悦只有技术人员能体会到，当自己制作的产品出色，受到公司的欢迎和接纳时，那种喜悦的感觉绝对是无与伦比的，宗一郎讲到。

销售的喜悦只有销售产品的人能体会到。拿本田来说就只有代理商和销售员能体会到这种喜悦。因此，本田必须确保其制作产品的质量和性能,同时还要价格低廉。

购买时喜悦与否决定产品价值的大小。宗一郎一直强调:能让消费者产生"啊,买下这个产品真好"的喜悦,才是产品价值应追求的荣誉。

等到三种喜悦完全有机地结合之后,才能提高生产积极性,使技术得到保障,由此才能长久地经营和发展。同时这也能体现出我们公司通过生产来服务社会的目的。[2](《公司史(7年史)》)

宗一郎将本田公司存在的价值定位在对技术人员来说的善、对销售人员来说的善以及对消费者来说的善,且这三种善在不互相冲突的位置上。

速度使人生变得丰富多彩

本田公司在思考怎么才能把这种善提供给社会。

"严格使用时间"是宗一郎的口头禅之一,其目的在于尊重效率。

宗一郎最喜欢节省时间。这是人类的本能,也可以视为人的一种欲望。

追求速度是我们人类的本能,不管你喜不喜欢,这都直接关系到我们的人生。比起走路,汽车或火车更快;而在火车方面,

"特快"会更快，比起"特快"，喷气飞机更快，这些都体现出了我们的欲望。（此处有删减）像这样仅仅通过加快速度我们就能减少时间成本，丰富人生。据说人生只有短短50年，若是能做到速度化，我们的人生甚至可以延长至80年或100年。我坚信并不是只有医生和药物才能延长寿命，速度化也能真正延长人生。[3]（《公司史（7年史）》）

制作出速度更快且安全舒适的交通工具是本田公司的目标，且本田事业本身的宗旨就是遵从人类的本能，从而去实现人类的欲望。它的实质就是延长人类的寿命，是一种善。

宗一郎珍惜时间的这种精神，实际上源于父亲对他严厉的教育。15岁时他远赴东京，在经营汽车修理厂的艺术商会做学徒时，曾收到他父亲——仪平"不要给别人添麻烦""禁止沾染赌博"的教育，同时他父亲还再三叮嘱他"珍惜时间"。

父亲特别耐心地教育我如何运用时间。人类自出生起就带着各种各样的差距。家境贫寒就无法上学，长身体期间也吃不到什么东西。相反，富人的孩子也可能体弱多病，但他们各自之间还是存在着数不清的差异。在这种情况下，时间可以说是他们唯一的共同点，因为每个人都拥有平等的时间。即使你没有学历也没有钱，但你有健康的身体和时间。所以你更加要充分利用这些。这些教诲深深地印刻在孩童时期的我的心里。[4]

本田的基本理念——"三种喜悦"于1951年12月在《本田月报》首次被提出。

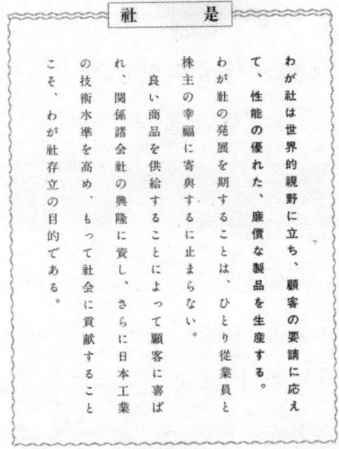

在1956年1月发行的《本田公司报》No.23上刊登的"公司的基本方针"和"我们公司的运营方针"

1956年1月制定的"公司的基本方针",其大多数语句都摘取自《本田月报》上登载的本田宗一郎的随笔

宗一郎最初的著作便是《速度化生活》。在书的开头，宗一郎提到了他在看完《飞车壮史》(The Racers)这部美国电影后，深受感动。特别是被恋人逼问："我和赛跑，你选哪个？"时，电影主人公的回答笔者也很喜欢，特在此引用。

我沉迷的赛跑并不是在挑战什么纪录，也不是在和赛跑的对手竞争。我是在跟自己的生命战斗。如果不赛跑，那我将失去生命的意义！[5]

宗一郎的人生也正是"速度化生活"的一生。

时间和金钱，以及自尊心

宗一郎在要求职员严格使用时间的同时，也不停地在思考应该如何利用业余时间。

要想尽情玩耍、享受各自的生活，并不是说就要牺牲与家人吃饭、团圆的时间，甚至晚上也不眠不休地工作（当然，繁忙之时除外）。

他把时间、金钱、自尊心作为实现高效率的三因素[6]（《公司史（7年史）》）。

不管你的时间多么富裕，没有钱也无法享受生活。但是另一方面，不管你多有钱，如果没有富裕的时间，还是无法享受生活。如果金钱和时间都有，但金钱是通过反复偷窃或诈骗这种不正当行为得来的话，就会失去做人的骄傲。也就是说，三者缺一不可。宗一郎还这样讲道：

通过正确的方法获取充足的收益，尽可能多地缴纳税金，节约时间，如此便能收获通过工作为国家社会做贡献的自豪感，这是最基本的高效率[7]（《公司史（7年史）》）。

在私生活中，宗一郎坐在像"断头台一样的东西"上一小时也忍受不了。宗一郎特别讨厌大的理发店。他跟相熟的理发师交涉：能不能在15分钟内搞定，在对方告诉他不能后才被迫花了40分钟理发。理发师对宗一郎讲："你有很多玩的时间，在其中选个时间来理发不就好了。"宗一郎是这么回答的："开什么玩笑，玩耍的时间可是我拼命工作换来的。怎么能把那么金贵的时间用在你身上。"[8]

为了自己而工作。

宗一郎并没有强迫员工做到克己奉公。1965年5月的《本田公司报》上刊登了他对新职员说的话，内容如下：

不管进入哪个公司，几乎所有的社长都会讲一讲热爱公司的精神。但是，我想告诉你们：你们既然已经进入了我们公司，比起热爱公司的精神，你们首先要把'为了自己而工作'放在第一位，为别人工作这些话都是骗人的，你们绝对不可以为了迎合别人而工作。虽然我只上了小学，但我只想为自己而活，活得有意义……我是为了自己才拼命地工作。如今我一路走来成了社长，虽然表面上看起来像是为了公司而工作，但其实我是为了自己而工作。(此处有删减)为自己而工作，努力的结果自然也会影响到自己的心情，那时你会变得非常舒畅。[9]

这就是为什么宗一郎想要成立本田公司，制造世界第一的摩托车吧。工作不是为了公司而是为了自己，这毫无疑问是很多本田人的"真正的目的"。宗一郎认为，人生的理想便是全身心地投入自己喜欢的东西中，所以他想让本田成为那个能完成这个理想的地方。

企业是公共机关，也是实现人类自我价值的场所

宗一郎从年轻时起便认为企业是公共机关。滨松市人深津贤辅是本田的职员，同时也是宗一郎的校友，他父亲曾与宗一郎往来密切。他还清楚地记得在小学的时候，宗一郎穿着红色上衣，开着大红色跑车去过他老家。作为创业者，深津父亲是宗一郎的前辈，他曾评价宗一郎是一位很优秀的人。深津先生是这样说的。

我还在上小学的时候，就经常从父亲那里听到本田先生的一些见解。本田先生认为企业是公共机关，是社会的东西。它不是赚钱的组织，而是造福社会的一种手段。股东、员工、经营者，

大家都祈求能在社会上发挥自己的作用。通过公司成功的运营，为大家带来幸福，社会也变得幸福，因此这种组织才会被叫作股份公司吧（译者注：日语的公司写作"会社"，与社会正好颠倒）（此处有删减）。在即将创办本田技研所初期时，宗一郎便说过这样的话。记得父亲跟我讲过："本田先生真的非常优秀。"[10]

宗一郎也考虑过将本田公司打造成"实现人类自我价值的场所"。也就是说，公司既是生产商品的场所，同时也是帮助员工提高修养和陶冶情操的场所。

他坚信在公司积累人性的力量和善意是有必要的，这也正是本田公司能生产出在世界市场都广受欢迎的商品的核心所在。[11]（《公司史（7年史）》）

因此，每个人都需要诚实地面对自己的长处和短处，毫不掩饰地讲出来。石头也好，钻石也罢，上司都需要找出下属的长处，进一步地挖掘，这样才能不断激发出人们的潜力。这么一来，石头和钻石就都能成为企业真正的宝藏。

虽然我们是制造摩托车和汽车的公司，但不是所有的员工都适合在这个领域工作。所以在这个领域我们不可能让所有员工都发挥出100%的实力。虽然也有人成了闪闪发光的钻石，但也有很多保持原样的人。不过对我来说，石头和钻石同样重要。所以大家只要竭尽全力去做就行。不过,今天好像没有什么钻石（笑）。

但是,你们记住啦,在砸人的时候还是石头比较方便呦。[12]

宗一郎也说过这样的话。

乘坐企业这艘船的都是宝贝——人类。有人掌舵,有人划船,一帆风顺其乐融融。大家都面向大海前进,没有比这更令人愉快的航行了吧。[13]

宗一郎觉得,这样愉快且神圣的航海的场所,不能以"社长"为由将其玷污了。便与藤泽武夫商量,约定不把各自的儿子送入本田,两人也都遵守了这一约定。宗一郎说:

我一点都没有想把孩子送到公司的念头。孩子也不喜欢追寻父亲的脚步进入公司,这样正好。我们公司有很多干劲满满,立志成为优秀候选人的员工,如果让社长的孩子半路进来继承公司的话,那些员工就太可怜了。[14]

由于本田总是给人留下个人企业的印象,所以宗一郎很后悔把自己的姓名当作公司的名称,"索尼的井深先生很聪明,如果我重生之后再创办公司的话,绝对不会给公司起本田之类的带有自己姓名的名字了"[15]。

(2)直视真实和现实的能力

运用五官去看机器

直视时时刻刻变化的、个别具体的现实,并拥有能直观地

在荒川测试场 1959 年

看穿现实背后本质的洞察力,擅长总结微小经验的过程,这些能力都与前面讲到的溯因法生成能力相近。

宗一郎是第一位名列美国汽车名人堂(Automotive Hall of Fame)的日本人。该名人堂位于底特律,我曾去拜访过。里面有一个宗一郎专栏,那里的一张照片给我留下了非常深刻的印象。

在那张照片里,宗一郎一只手触摸着测试跑道,同时凝视着前方的赛车,认真观察着赛场。

他讲道:"一看到赛车,我就会明白很多事情。如果想要转那个弯,赛车手需要先那样做,再这样做……这么思考过后,就会更加自然地进入下次的制作中,改良后的赛车也会取得更大的进步。"[16]

蹲在地上,用手摸着地,保持和赛车相同的高度。在这种姿势下,首先用眼睛看着赛车,然后用耳朵听引擎的声音,再用鼻子确认汽油燃烧的状态,最后用手感受地面的振动。运用感官,将感情转移到深入观察的对象上,同时再加上理性的分析,便能生出新的假设,这正是溯因法。对他来说,测试跑道是最能直接接触到车辆的地方,是特别宝贵的"设计室"。

现实的两个层面:现实性与本质

京都大学的荣誉教授、著名精神医学家木村敏认为,"现实"这个词本来含有现实性(actuality)与本质(reality)两层意思。现实性是指在"现在、这里"这个截点进行的事物之间的关系下,或者在由其生成的相关背景下,本人正在亲身体验的"真正的现实"。

与此相对,本质是指在主体(自己)和客体分离的基础上,从旁观者的角度来看待客体,经过观察得到的"好像真的现实"。也可以这么说,通过观察得到的现实认识属于现实性,而通过行为得到的现实认识属于本质。

毫无疑问，宗一郎在测试赛道上掌握到的相关认识是属于前者的现实性。与把对象作为客观事物来看待的本质，即"物质现实"相对。现实性是面向事物，观察事物（过程和关系性）的"事物现实"。

与物质分为是否有人类介入两大类相对，事物是在与相关人类构成的关系中才能成立。若是能看透某事物的本质，宗一郎便能涌出新想法，提出新颖的假说。

三现主义即"现场、现物、现实"，这是宗一郎自创业以来一直在说的一句话。

解释起来就是"在现场通过看现物而看到现实，之后再采取现实性对应"，但本田的三现主义，其实隐藏了"本质"这个关键词，"通过了解现场、现物、现实，进而抓住事物的本质"，据说本田里的员工是这么解释的。[17]

在英语中："去现场为：the actual place""了解现物、现实为：the actual thing or situation""现实性事物为：being realistic"，宗一郎对这些翻译得很"准确"，我相当佩服。

之后成为本田第三任社长的是久米是志，他与宗一郎一起参与了很多发动机的研发工作。

一旦作品成形，宗一郎先生便会花费30分钟左右的时间紧紧盯着它，同时还会绞尽脑汁地想着这也不行，那也不行，最后还会让人"把设计师叫来"。实际上,在画图纸的时候,他在脑海中并没有形成关于该设计的具体形象。所以不看见实物他也根本不会明白。这正是在本田被称为现场、现物、现实的"三现主义"中的现物。宗一郎强调大家需要亲眼看到、亲手摸到、亲耳听到发动机在转动,要用自己的身体去感知。[18]

最初的产品也是从实物中产生

本田的第一个商品是在自行车上安装小型发动机,即最原始的摩托车。该摩托车的发动机(当时被叫作"巴塔巴塔""嘭嘭"),便是宗一郎从偶然看到的小型发动机这一"实物"中获得的灵感。

1964年9月,本田技术研究所在滨松市成立,此地从江户时代起便盛产布匹等织物。战后,由于服装短缺,纺织机械便出现了一股销售热潮。因此,宗一郎最先着手的便是制造纺织机械,不过,当时宗一郎无法全身心投入该项工作中。因为在他内心深处,想要开发与汽车相关的产品的念头非常强烈。

这时,宗一郎在朋友的公司里偶然看到了日本陆军使用过的小型发动机,该发动机用于给六号无线机发电。那一瞬间,宗一郎的脑海中闪过一个想法。

他想用这个发动机来制造交通工具:把它安装在自行车上,

就能变成轻便的摩托车了！

在世界上，给自行车安装辅助用发动机，让自行车跑起来的想法在很早之前就有了。英国已经有这样的产品了，战前日本虽然也进口了少量该种产品，但普及性还远远不够。

在战后交通条件恶劣的情况下，自行车便是人们的交通工具。一直以来宗一郎乘坐的汽车，也由于汽油短缺成为无用之物。虽这么说，火车和公共汽车却还总是满员，人们出行极为不便。因此，人们能依靠的只有自行车。它既是载人的交通工具，同时也可以作为搬运行李的运输工具，在它的后架上可以运载像山一样的货物。

若是给自行车安装上这个发动机的话，人们的出行该会变得多轻松！从眼前的实物得到启发，在灵活利用实物后想到制作新产品，这正是溯因法。在那台小型发动机的主人——宗一郎朋友的脑海中，根本不会涌现出这样的想法。

印度的塔塔汽车公司于2008年开始上市一种叫作纳诺的小型汽车，以汽车大众化作为宣传口号。而作为宣称每个人都可以买得起的终极大众化汽车，其售价仅为2500美元，受到了世界的瞩目。

这个车的设计理念来源于塔塔集团的总裁——拉坦·塔塔。在一个雨天，在印度最大的城市孟买看到的情景：一对夫妇和两个孩子，一共 4 个人共同骑坐一辆轻便摩托车，他们在十字路口前停下，为了挡雨，从前面数位于第三位的小孩正准备撑伞。看到这一情景的拉坦说："这是国家的耻辱。我必须为印度国民提供更舒适、安全的交通工具。"并构想生产可容 4 人乘坐的超低价格的车。[19]

在印度，大家对这种场景早就司空见惯了。不过拉坦却在看到这个情景的瞬间立马想到一个如此精彩的理念。宗一郎也和他一样，毕竟在一般人看来，这只是一个毫不稀奇的小型发动机。

两人有"思索"这一共通点。宗一郎在他小学四年级第一次看到汽车滴落下来的汽油时，便一边闻着汽油的气味，一边梦想着自己将来也要制造汽车。另一边的拉坦对印度抱有深深的感激之情。实际上，塔塔一族并不是印度人，他们出生于叙利亚。而且印度的印度教教徒极多，一说起叙利亚，教徒们便认为他们是索罗亚斯特教。塔塔一族既是异国人，又是异教徒，而印度却接纳了他们，还允许他们在此开展商业活动。对此，他们非常感激，并一直想要回报印度社会。[20]

也就是说，这两个人并没有将他们的所见看作是普通的物品，而是作为一项事业，即立志改造眼前的发动机和 4 人骑坐的摩托车，也正因为如此，两人才能分别从所见的事物中找到创新的种子。

手也是用于直观现场的重要工具

重视现场、现物、现实的宗一郎,特别讨厌读书。只是写字就会让他感觉被束缚,甚至会出现退步。[21]

经常有一类像百科全书一样什么都知道的人。啊,这个我知道,那个我也知道,无论别人讲什么他们都会插嘴。对这样的人我会说:"哦。不过你掌握的都是关于过去的知识呦,而我想知道的是有关未来的事。"[22]

宗一郎不仅用脑袋思考,还用手思考。他是锻造商的儿子,特别擅长摆弄机械。年轻时,他甚至自己制作了赛车(赛跑用的汽车)和汽艇,这都归功于他的双手。但现在宗一郎左右手的手掌大小及手指全都变形了。

对宗一郎来说,手也是直观现场的重要工具。右手是工作的手,左手是支撑右手工作的手。用右手触摸平面的话,宗一郎甚至能感觉到以微米(千分之一毫米)为单位的凹凸不平。由于失误他左手的食指和中指被铰刀削了一下变短了。无名指由于不小心伸到机械里,也变得扁平了。此外,他的指腹、掌心,还被锤子砸伤过,被锥子或车刀深深刺伤过……他手上每个地方都有无数的伤痕。[23]

(3) 适时造势的能力

"中间尺度"与玩笑的高手

新的知识是通过人和人之间的共鸣以及相互作用产生的。在经济学中,这就是被称为"场"的思维方式。

宗一郎经常讲"中间尺度"这句话。这是他父亲仪平的口头禅。有种说法认为1尺长的尺子,其右5寸左5寸的地方就是正中间,但这是骗人的。从一边开始移4寸,再从另一边开始移4寸,位于2寸之间的地方才是正中间。如果不这样留出余地,对话便没法继续下去。[24] 那2寸便是宗一郎的余地。

为了适时留出这种余地,宗一郎会经常使用日常语言,有时甚至还会运用非语言沟通,把握他人的感觉及情感的微妙之处,完成共鸣。这需要拥有瞬间判断出"在这种场合下应该讲什么、不应该讲什么"的能力。

宗一郎很擅长这一点,因为他是讲笑话的高手。

笑话这种东西其实很难讲。必须把握当时的氛围,抓住机会。因为包袱会突然出现在那里,如果错过了这个时机,笑话便没有效果了。(此处有删减)因为学习笑话入门最快,所以培育人先从笑话开始。笑话既是一种创意,也是体察人情微妙的产物。[25]

宗一郎特别在意自己日益稀疏的头发。"并不是因为会变秃,而是因为会显得脸变大了",他用这些说辞来逗周边的人乐。另外,因为他喜欢用药,便从世界各地购买大量的生发剂,测试它们的效果。在考察欧洲的旅途中,他喜欢上在瑞士日内瓦看到的一款生发剂,便买了很多使用。他在得知生发剂含有过多的女性荷尔蒙后,笑着讲道:"这个会让胸部变大,所以我就不用它了。"[26]

他讲的笑话有时近乎猥琐,就连发言的时候或者被提问时也会如此。

以客人的身份出席婚礼时,他很反感那些不顾场合,长篇大论的大人物,轮到他发言时,他说道:

虽然有很多想说的话,但是新郎新娘之后还要在深夜加班运动,所以老年人还是早点回去吧。[27]

宗一郎年轻时看不上高尔夫,不过到了五十多时他就开始打起了高尔夫。他在高尔夫球上写上"这不是我的球。本田宗一郎"。当他被问道"为什么在球上这样写?"时,他回答道:"输球的时候,如果被人知道这是本田宗一郎的,感觉怪不好意思的。"[28]

宗一郎认为笑话跟无聊的俏皮话和玩笑不同,笑话里面必须包含才智和幽默。为此,必须具备敏锐的理解能力和过人的智慧,以及洞察人情微妙的能力。宗一郎解释道:"这和出色创意产生的条件相通。"

在日常生活中,我们时刻不能忘记以正确观察并得出的判断为基础,不断想出创意,谋求进步。这些思想正是笑话的前身。创意的机智所在便是以丰富、尖锐的批评精神为基础。[29]

在花柳界生动地学习并积累见识

为什么宗一郎那么擅长讲笑话呢?这得益于他年轻时积累了很多游玩的经验。1928年,宗一郎从当了6年学徒的东京艺术商会辞职,独立门户,开了艺术商会滨松分店,在他的故乡滨松还当上了汽车修理公司的社长。

社长本人都技术高超、热心研究,而且还努力工作,所以汽修厂客人与日俱增、生意兴隆。宗一郎可是滨松夜生活的出名人物,因为他在公司赚的钱都会用于玩耍。叫来艺伎,一起喝酒唱歌,肆意喧闹;或者开着私家车,带着艺伎一起出去玩耍。人称"艺术商会的风流小哥"。他还喜好音乐,明明没有正式学习过乐器,但不知不觉他已经达到能在人前表演像长调、端曲(译者注:三味线音乐的一种曲目)、都都逸(译者注:日本俗曲之一,属于娱乐性三味线歌曲)这一类乐器的水平。[30]

大概20多岁正是血气方刚的年纪,宗一郎还有一段把艺伎从饭馆二楼扔下去的勇猛传说。

这是发生在滨松的特有风俗——5月纸鸢节的夜晚。宗一郎和朋友一起叫来很多艺伎,在正要享受奢华宴会之际,一位艺伎讲了一句很败兴致的话。宗一郎听后,带着醉意大骂她"自大的家伙",并和朋友一起,抓住那艺伎,把她从二楼的窗口扔下去了。艺伎也是运气好,挂在一根电线上,捡回一条命。"那名艺伎,现在已成为某酒店的老板娘了,我至今在她面前也抬不起头",这些都是后话。[31]

宗一郎是这样谈论游玩的效用。

再也没有一个地方可以像花柳界那样让人们在其中生动地学习。若想学习识人,那里的确是一个好地方。艺伎的脸上虽不会露出厌恶的表情,不过还是分喜欢和讨厌。在那种地方虚张声势的家伙是最差劲的。用别人的钱免费喝酒,搂抱艺伎的男人也最差劲。毕竟出来游玩享乐,还是必须要花自己的钱的。[32]

可以打动人的人

宗一郎很善于把握别人的情绪。

可以打动别人的人,是能够理解他人心情的人。不管对方人少还是人多,都必须要理解他们的心情。同时,人若能理解他人心情,自己便也会感到痛苦;但自己不会感到痛苦的人,终究是无法打动别人的。[33]

这是发生在干部和员工们一起举办宴会时的事情。大家围绕工作的话题展开热烈讨论，于是忽略了叫来跳舞的艺伎。

那天晚上，宴会结束后，干部在半夜接到宗一郎打来的电话。"明天早上，参加今晚宴会的全部成员都来集合"。

第二天早上，宗一郎大声斥责了他们。

你们这些人，别以为自己是客人就觉得很了不起！她们的职业就是艺伎。对于那些认真欣赏她们本业的客人，她们会有好感。不要觉得自己付钱了便可以无视她们和她们的职业，这么做你们能从中获得什么快乐呢？[34]

在东京美术商会从事汽车修理工作期间，宗一郎学会了为对方考虑，贴近对方心情的重要性。他当时只有十几岁。他意识到：自己的工作不仅是修理汽车，也必须考虑客人的心理。

当时人们认为，汽车价格昂贵，其本身也是通过极为奇特的机制运转。宗一郎注意到：即使汽车没出什么大故障，客人也会疑神疑鬼，他们觉得让一个未成年的小鬼来修理自己的宝贝汽车会出问题。

因此，宗一郎下了一番功夫。在修理结束后，他不会讲一句"修好了"便完事。他会认真跟客人说明故障或出毛病的原因，以及自己做了什么样的修理。即使客人没有要求，他也会把车清理干净，如果有客人穿着沾了泥的鞋子上车，他还会提醒他："不好意思，会把车弄脏哦。"若仅仅讲一句修好了，而不说汽车的问题,这态度肯定无法使客人满意。"工作上的亲切难道不是指竭尽全力让对方认可你吗?"宗一郎这样解释道。[35]

记住写在手上的对方的名字

宗一郎一有不懂的事,便马上去问别人。他认为比起从书里找答案,直接问人更好。他自己也直言:"自己的特点就是不管什么都去问别人。"[36]

宗一郎认为自己的见识过于短浅。于是,他通过向对方提出自己的疑问,来得到新的知识和想法。认为自己很聪明的人是不会去问别人问题的。因为他们的自尊心不允许。但宗一郎也没什么值得引以为傲的学历,所以也能无所畏惧地问任何人问题。宗一郎说:"我也会谦虚地向年轻的员工请教,'唉,这是怎么做到的呀'。这种态度,别说员工了,任何人都会乐意传授我智慧的。"[37]

宗一郎在日本人往往不擅长的派对上,也有自己一套能促进感情的方法。那便是记住别人的名字,然后把它加入对话里。外国人在这方面很擅长。即使与对方初次见面,在问候和对话时也会提及对方的名字,在清楚确认完"我与你"这种关系后,再继续交谈下去。不过日本人容易害羞,所以便以"呀,你好"

之类的糊弄过去。即使和日本人说话,他们也不会讲自己的名字,对此,外国人似乎受到冲击。这是常年与外国人交往的宗一郎的看法。

宗一郎为此付出的努力没有白费。

在某一个国际派对现场,在称别人"某某先生"时,对方特别开心,与本田握手,还拍着他的肩膀讲:"在到场的那么多日本人中,只有本田先生叫了我的名字,只有您一个!"

敬酒时,写着对方的名字和特点的宗一郎的手掌被对方看到了。但是被看到也没办法,在对方问道"您的手怎么脏了"时,宗一郎则诚实地告诉对方:"这是为了记住您的名字。"

没想到,对方反而进一步表示感激,一边说着"本田先生竟能为了记住我的名字这样做",一边在派对现场高高举起宗一郎的手。[38]

(4)讲述直观本质的能力

运用漫画来表达直观

这是一种将微观的直观本质与宏观构想联系在一起的表达方式,有时通过对话将其概念化、故事化,从而转变为有生命的语言的能力。

在前面提到的底特律汽车殿堂时,我还看到了宗一郎的另

在地板上画图的本田宗一郎

一张照片。照片中：他蹲在未完成的车前面,地板上有他画的图,看着两名工程师,与他们交流。我把它与前面的照片联想在一起,猜测他是不是在向部下具体解释他在测试跑道上得到的假说,让他们试试可不可行。他蹲着,在地板上绘制草图,无论公司发展得如何壮大,在认真工作这一点上宗一郎一直也没改变。

宗一郎最重视开发高速运转的发动机和实现独创性的设计。因为他追求速度和美。在宗一郎还坐镇研发前线的指挥时,一大清早他便会出现在设计室,一开口就大声讲："喂,昨天晚上,我这么想了一下。"在工作人员聚集过来后,他本人会很兴奋,吐沫横飞地跟大家说明。其中,只进行口头说明会让他很着急,于是他便坐在地板上用粉笔勾画他的构想。在画的时候,如果出现新想法,就直接用手把刚刚画的图擦掉,接着画新图。据说那时他的样子看起来像在街头表演的人。

越过肩膀宗一郎看见了工作人员勾画的设计图,讲道："这样不行。"并且还用铅笔粗暴地画上几道线,使工作人员只能从头开始画。"他看图纸的速度快得可怕。并且直觉特别准,一眼就能看穿问题所在。"这是设计团队对宗一郎的评价。[39]

喜欢历史的一面

宗一郎曾公开说过不喜欢书,但他的意思是指自己很少会为了工作去读书。他在年轻的时候就已经读了很多书，尤其在上小学时，曾因为沉迷于看立川文库系列而把上课听讲丢在一边。[40]

立川文库系列是由大阪一家叫作立川文明堂的出版社出版的，从明治末期到大正时代，两百多本面向少年读者的袖珍本。该系列图书的题材以真田幸村、猿飞佐助、雾隐才藏等历史名人为主人公，并在一定程度上进行了虚构创作。宗一郎经常将战国时代的武将作为自己的谈资，而立川文库系列便是此类知识的基石。

立川文库系列给少年宗一郎带来的并非只有历史知识，还有很多其他人生感悟。东京海上日动火灾保险公司的副社长大泷修一先生在年轻的时候也特别爱看立川文库系列，并说过下面这段话。

"通过阅读立川文库系列，我记住了很多在课堂上学不到的汉字。此外，在这种学校的道德修养课上不会使用到的神奇教材中，我还积累了许多在塑造人格方面不可或缺的知识，比如公正和正义、牺牲的宝贵、滴血之盟等。"[41] 这些对宗一郎来说也是如此。

宗一郎一直对历史抱有浓厚兴趣：除了沉迷于看立川文库系列之外，在他孩童时期，他的祖父经常给他讲一些有关战国时代逸闻的睡前故事,这也对他产生了很深的影响。距宗一郎的故乡——静冈县磐田郡光明村五里之外,便是武田信玄的甲州军与织田信长及德川家康的联合军有名的作战地点——三方原。他的祖父绘声绘色地给他讲述在此地反复爆发的一些战争的故事。宗一郎很喜欢那些武将、豪杰,反复求祖父为他讲那些人的故事。[42]

对宗一郎来说,历史是什么?

简单来说,人类历史这种东西就是在记录过去。尽管像我这样只向前看,从不回顾过去的人不多,但在我看来,小时候的事对我来说并非只是过去的一段回忆,而是一段能让我把握现在,畅想未来的宝贵体验。[43]

这与20世纪历史学家的代表——E.H.卡尔以下的观点相吻合,即:

历史是历史学家与事实之间不断相互作用的过程,是现在与无法知晓尽头的过去之间的对话。历史应该被称为过去的诸多条件与逐渐显现出来的未来的诸多目的之间的对话。[44]

自己想活成什么样,未来应选择哪条前进的道路?宗一郎并不仅仅是因为喜好风雅才会对历史产生兴趣。

在日本海海战方面独特的洞察力

举个例子,日本在战争中完胜俄罗斯,关于总结日俄战争日本海海战这一胜败要因,一般都归结于日本的巧妙战术、士兵的团结和爱国心、高超的炮术技能、完备的军舰等。但是,宗一郎断言这是因为两军的速度之差。基于相关背景:在制造汽车时人们往往会头疼它受到空气阻力的问题,因此同样运用流体动力学的军舰,也一定会遇到可怕的水阻力,宗一郎便是注意到了这一点。[45]

俄罗斯的波罗的海舰队的时速本来就比日本联合舰队慢3海里,再加上无法进行舰底清洗这一劣势,使得日本联合舰队的优势格外明显。从波罗的海到战场对马岛海域,波罗的海舰队一共用了200多天,航行时间长,再加上与日本属于同盟关系的英国阻挠,途中更是无法长时间停泊,也无法及时清除降低船速的船底污垢。

这些船底污垢是由附着于船底的海洋生物造成的,是产生水摩擦阻力的最大因素,即使是现代的新锐舰船,也要涂饰避免贝类生物附着的材料。宗一郎采访了精通制船的人,得知经过全面彻底的船底清洁的船只与没有进行船底清洁的船只相比,速度至少会快20%。

在此基础上,波罗的海舰队经过长时间的航行,如果再需要装载煤炭、水及其他物资,速度会变得越来越慢。与该舰队形成鲜明对比,距离战场很近的日本舰队,能够在其正前方左转采取 T 字战术(译者注:T 字战术是海军火炮时代的典型战术,其强调航行方向与对手垂直,侧舷对准对手航行,构成一个 T 字,而自身占据 T 字的横头,从而尽可能发挥己方火力同时限制对方火力的发挥)。再加上速度方面占优势,所以能够取胜,宗一郎的判断如下。

我感觉自日本海海战胜利以后,国内便形成了一股战争是好事的风气,日本国民便开始想要发动像神州不灭、天皇皇威一类"不得了"的战争。此外,毫无根据的傲慢情绪也是从此时开始产生的。正因为如此,我认为更应该给予国民合理的解释:是速度的不同决定了战争的胜负。[46]

综上所述,在宗一郎看来,制定战略最应该重视的是速度。虽然有只按自己需要来考虑之嫌,但宗一郎对待历史毫不含糊的态度,以及他从自我总结的经验出发,想到水阻力从而打破关于日俄海战胜利的一般说法,并引出对当下仍有裨益的一个教训,以上种种都让人不禁感叹他出众的眼力。

善用主体感悟与语言

宗一郎很喜欢清少纳言的《枕草子》、兼好法师的《徒然草》、鸭长明的《方丈记》等,他反复阅读,甚至背下了它们的内容。与小说相比,这些著作的作者的想法和结论明确,可见他更偏爱这种观点尖锐的短小文章。他曾讲到自己既是勤于动手的人,也是善用语言的人。[47]

以《我的想法》(新潮文库)为首,宗一郎留下了8部左右的著作,每一部作品篇幅都不长,都是他的主体感悟——与世间常识相悖——由这些个人色彩直接形成文章。他的著作几乎全是些观点尖锐的散文。

藤泽对宗一郎说:"无论在什么事上,你都擅长强词夺理。但讲的话好像又很有道理,让人觉得本来就该如此,这也是你吸引人的地方。如果公司破产你就去创办新兴宗教,担任教主,我来给你集资。"[48]

作家城山三郎讲述了本田宗一郎的本质,评价他既是善用主体感悟的人,也是言语方面的巨人。

过去,我曾和本田先生在一起待过整整四天。在此期间,从本田先生口中不经意间说出来的话,经常会像宝石一样闪闪发光,让我觉得自己沐浴在光芒中。这四天里,我充分享受了那种收获人生智慧的快感,我至今仍觉得那是我人生中"最棒的四天"。不需要分析本田先生的话语,只需细细品味。[49]

（5）实现其构想的公关能力

用本人的话来说，不小心就动手了

宗一郎拥有巧妙使用一切手段，排除万难引导大家实现自己构想的能力。

说起宗一郎，一定会讲到他想揍下属的逸事：在工厂，若是看到没有认真工作，或者容易出现工作失误的员工，宗一郎就会忍不住想啪啪地打他们的脑袋，他自己也承认过。[50]

与时间进行残酷斗争期间，在拼命完成任务的时候，如果因为开发阶段的一个小失误导致工作中途夭折的话，损失是相当严重的。对于出现这种失误的员工，无论他有什么样的借口，我都会非常生气。老实说，我觉得当时都有些恨那些出现失误的员工，是真的在厉声责骂他们，甚至有时手会比嘴巴快一步，先动手打人。然而，当我稍微冷静下来，一定会陷入自我嫌弃中，这也是事实。[51]

当然，宗一郎并非对谁都会动手。本田 OB 的渡边洋男先生说[52]：

设计师在别的公司地位都很高，但在本田就不是这么回事了。图纸是指令书，因此本田宗一郎先生首先会厉声斥责图纸设计师。因为设计是源头，如果设计出错了，那么之后大家都会出错。设计的失误会导致之后的几千人都惊慌失措，陷入混乱。

所以，他肯定会说先把"负责设计的家伙给我叫过来"。我认为在这一点上，宗一郎的处理方法与其他公司完全不同。简言之，基本设计一旦出错，下属部门就一定会出错。

当宗一郎戴的帽子帽檐朝上时说明他心情不错，但如果帽檐盖住眼睛，就说明他很生气。员工们通过他戴帽子的方式来推断他心情的好坏，然后若无其事地藏起扳手或尺子回到工作岗位上。宗一郎勃然大怒、厉声斥责负责人时都有明确的理由，比如设计模仿了其他公司、设计不合理、会给消费者和社会带来不便等。[53]

成为将强制力和亲和力合为一体的人

人类所拥有的社会能力，即领导能力的基础由以下6种能力组成：①合法能力（与组织正式赋予的权限同义）；②补偿能力（给予当事人报酬的能力）；③强制能力（处罚能力）；④专业能力（来源于卓越的专业知识和技能）；⑤亲和能力（凝聚整体的能力）；⑥信息力量（来源于信息的数量和质量的能力）。

宗一郎要求自家公司的员工拥有以上所有能力，他为了让员工听他的话而出手是出于强制能力。

但是，他打员工并非因为憎恨当事人，而是出于"为什么你没做到，你应该能做到"的心情，这与亲和能力很相近。

而且，他在又打又骂之后的处理方式也很巧妙。

宗一郎在工厂里痛骂几小时散会后，到了傍晚又现身，员工都很害怕又要被说教，但宗一郎是这么说的：

池袋有一家不错的店，要不要一起去喝两杯？

因为工作生气也是没办法的事，不过工作一结束，他也就忘记了，这是宗一郎的一贯作风。他生气的时候会彻底地否定对方，还经常让其"递交辞呈"。对此，过去有下属这么说：

无论被本田先生打骂得有多狠，都让人恨不起来，这是他特有的魅力，是他的一种超凡的魅力。每次被他痛骂时，不仅不会感到讨厌，反而会越来越被他的人格所吸引，甚至可以为他赴汤蹈火，在所不辞，很不可思议。[54]

其实这6种能力中，最能约束人的是亲和能力，又称"爱的统制"（控制、陪伴、爱）。对员工来说，宗一郎的训斥和打骂是一种认可，这便是对爱的统制最好的证明。

捡起沾满粪尿的假牙

宗一郎的经营伙伴——藤泽武夫也是打心眼里佩服他的亲和力。藤泽在本田的公司报纸上曾讲述过这样一段逸事。

刚开始创业不久，有一位外国客户来到滨松进行洽谈。在晚上接待客户时，宗一郎邀请外国客户去一家饭店一起吃饭喝酒。喝醉酒的客户先休息了，到了半夜身体不舒服，便吐到女招待准备的洗脸盆里。但是他的假牙松动，被一起吐到了脸盆里。女招待没有注意，把洗脸盆里的东西都倒到掏取式厕所里了。半夜酒醒的客户因为"丢了假牙"而闹了起来，后来才知道被女招待扔到厕所了。

得知此事的宗一郎说到"我去捡"，并让女招待去烧洗澡水。之后他便赤裸着身子，单手握着一根棍子踏进了粪便池，不一会儿就找到了。接下来宗一郎便去洗澡，他用肥皂清洗了他自己和假牙，并给假牙消了毒。为了证明没有异味，他把假牙套在自己的嘴里，模仿狮子跳舞。

第二天早上，藤泽从女招待那里听说此事吓了一跳，女招待还讲道："宗一郎先生的样子太逗了，我笑得眼泪都流出来了。""像毫不犹豫地踩进恶臭熏天的粪便里这种事情我是无法做到的。宗一郎没有命令任何一个人'我给你钱，你去捡'。他的这一行为最让我感动，我的身体甚至都因此而微微颤抖。"[55]

与全体职员一一握手

宗一郎总是很喜欢与人交流，而且一视同仁。他认为社长和部长都只是一种符号，从根本来看，公司的经营是全体平等的。他住酒店时，一定会在职业栏上填写"公司职员"。

科长、部长、社长也好,菜刀、盲肠、疝气也好,它们都一样,都只是一个个符号。为了明确命令系统才有了符号,这与人的价值完全无关。[56]

他也不喜欢由校友结成的学阀。"最近,我跟新员工讲过:'你们从大学毕业了,而你们的大学和我们公司没有任何关系。所以,如果想在我们公司长期工作的话,就把毕业证书烧了吧。'"[57]

宗一郎认真对待每个人。辞去社长后,他自驾去往全国各地的工作据点,与在那里工作的所有工作人员一一握手交谈。满手机油的工人想要先洗洗手,宗一郎亲切地说没关系,直接与工人握手。[58] 他曾说过这样一番话。

说真的,我在任职期间就想和所有员工以及有名望的人握手。在辞去社长一职后终于达成了这个愿望。仅在日本国内,就有700处地方要去,全部转一圈共花了我一年半的时间。之后,我还坐飞机去慰问海外的派驻人员,这也用了我半年的时间。……虽然是我们公司的职员,但也有很多人没亲眼见过我。特别是在地方的办事处以及SF这种服务机构里工作的员工,他们几乎都是在当地招聘进来,都未曾见过我。我让大家把名字挂在胸前,是为了当面跟他们打招呼时可以对他们讲"喂,某某先生,谢谢你",并与他们一一握手。我哭了,对面的年轻人

1965年,在和光研究所,58岁的本田宗一郎以超凡的魅力倾倒众人

也哭了。但我这么做并不是想要鼓舞士气,我是为了自己高兴才这么做的。[59]

古今中外,能够做到这一步的企业领导人仅此一人,可以说是空前绝后的创举了。不知道会有多少人愿意为宗一郎赴汤蹈火,在所不辞。

(6)组织实践性知识的能力
掌握实践智慧

宗一郎拥有这样一种能力:他能通过实践,将自己全部人格中所蕴含的智慧(卓越的实践性知识)传授给组织成员或下属,以此来培养他们,并让这种智慧真正地扎根在组织中。

川本信彦先生是"一直紧随宗一郎左右的一代人"中的一员,他曾讲道[60]:

我认为,本田宗一郎先生的出发点在于制造出世上没有的东西。一般人都是"别处好像有这种东西,那么我们也来试试做"。但宗一郎却是"别处好像有这种东西,那我们制造别的吧"。他的想法就是尝试制造不存在的东西……

我从他那里获得了很多的启发。他经常讲"虽然教育和知识是有必要的,但在必要时刻有这些就行。重要的是通过自己的经验、通过实践得来的智慧""智慧才是你的东西"。"把从当前失败中获得的智慧运用到下次实践中,不必过多地考虑结果。想要培养智慧,就去做一些看起来不可能成功的事,那样或许会更好",他经常这么说。

这是发生在1954年的事情,宗一郎决定参加当时在英国马恩岛举行的世界最高级摩托车比赛——"T·T比赛"。该比赛要求参赛使用的摩托车必须自制。另外,最重要的是要将每升汽油只能产生50马力的125CC发动机改造为能产生100马力的发动机。负责该项目的是当时刚进入公司的新工程师,也就是后来成为本田公司第三代社长的久米是志。

开发一台发动机最少需要半年时间。宗一郎频繁出入设计室,"这里这么做怎么样""那里这么做吧",传授了很多东西给久米。近50岁的男人和刚过20岁的青年,在图纸上碰撞出智慧的火花。"在那里,我们忘记了年龄和地位的差距,站在平等的立场上,都是致力于开发制造的技术者。"久米后来曾这么感慨道。[61]

可惜总是看不到成果,开发了5台发动机都失败了,这时已经没有退路了。

第五台差一点就成功了,最大的难题在于发动机的连杆轴承,提高了发动机的转速,会增加摩擦,发动机很容易就会烧焦。

在现场观看测试的负责人提议拆解意大利的蒙迪阿尔摩托车的发动机,结果发现了差异。为了不易坏掉,久米的轴承都做得又大又结实,但是蒙迪阿尔的轴承却意外地很不结实。因此,测试负责人提醒久米:"您的设计方向是不是偏了。"

宗一郎的主体观念带领着大家前进

听到这个消息后,宗一郎立马就赶来了现场。他把那个小轴承放在手上,目不转睛地研究了一会儿,对久米说:"嗯,这种东西还是不行,你要大胆地设计出更薄更轻的来。"

明明现在都还存在耐用性的问题,若是设计得更薄的话,只会立马坏掉。久米一边寻思着,一边画图纸,做了各种尝试。

在第二次世界大战期间担任零式舰载战斗机的机械技师——资深技术科长麦康尼克也认为这样设计出来的轴承会立马坏掉。宗一郎让久米制作这种东西，令人瞠目结舌。去执行一项注定会失败的计划，让一台台珍贵的发动机成为废品，这让久米的心情很沉重。于是，他便向宗一郎建议终止计划，却遭到了宗一郎的训斥："不试试看怎么知道，做完之后再跟我讲！"

事实上，让发动机运转后，发现效果与预想的完全不一样，运转状态非常好。尽管运转数提高了很多，但并没有出现烧焦的情况。这证明宗一郎的想法是正确的。

后来证实为了防止发动机烧焦，将轴承轻薄化这一理论是正确的。因为轴承是不定速旋转的，这中间会产生惯性，并不会过分地增加摩擦，导致发动机烧坏。宗一郎并非理解了该原理，他只是在亲自教授年轻的工程师：按一下发现不行，那就拉一下看看。执行与之前完全不同的方案，勇于尝试是很重要的。[62]

如果宗一郎再被人邀请题字，他一定会这么写："成功的基础是99%的失败。"[63]

本田道场中锻炼出来的职员们

在工作现场，职员们有时会互相斥责，甚至会出现轻微的肢体碰撞，但他们都致力于制造产品，不愧是宗一郎的徒弟。

与其说是公司,不如称为本田道场。比起手把手地教导职员,不如让他们在工作中实践学习,道场便是这种氛围。抗议的工人直言不讳地说:

混蛋,公司又不是学校,工作这种东西是光靠看就能记住的吗?[64]

藤泽在《火把在自己手中》一书中这样描述被热烈氛围充斥着的本田道场:

不管是本田还是我都属于沉迷工作、忘记一切类型的人。我们都不是接到命令再开始工作的人,所以需要自己先思考,主动去接受身边人的言传身教。我就是通过这种方法自学的,你们也一定可以。晚上可以所有人围坐在炉子旁,深入交谈几个小时。[65]

宗一郎亲自培育的一代员工经常对自己的下属讲:"我让你去死,你就去死吗?"从本田OB小林三郎的著作中可以了解到这句话最初出自宗一郎,后在工作现场传播开来。[66]

技术开发如果进展顺利的话,宗一郎便会建议下属"试试这样做如何"。宗一郎总是忘记自己曾说过这些话,而下属则因为他都这么说了就先试试看,动手做一做。如果成功了便没有问题,但如果失败了,宗一郎就会责问下属"为什么做这种事情"。此时,如果回答"是您让我做的",便会受到这样的斥责:

在食堂与员工一起愉快交谈的本田宗一郎

"我让你做你就做,那我让你去死,你就去死吗?"

据说,在这种情况下的标准答案是:"你讲到在这个方面存在可能性,我便试验了一下,然而没有成功。"

这两个回答的最大区别在于负责人自己是否做出了独立判断。前者是"被怎么说就怎么做",后者是"根据自己的判断去做"。这样就能知道负责人是否自律。

此外,这里还蕴含了平等的思想。如果下属把上司的建议看作是业务指令,不加批判地去执行,就说明这里存在明确的上下级关系。而如果下属在判断其可行性的基础上再去执行的话，便说明不存在上下级关系。因此，应该把上司的意见看作几个选择项中的一个，平等对待，独立判断。在本田有"技术面前人人平等"的传统，即使职位很高的人，也不允许他强行判别特定技术的优劣。技术优劣的判断标准只有一个：是否能为客户创造新价值。[67]

宗一郎并不是那种会把自己的想法强加于下属的领导，他主张下属独立思考。

注释：

1　土 本田技研工业股份会社[1955]，《公司史（7年史）》(该公司) 39页。
2　同上书，82页。
3　同上书，69~70页。
4　中部博[2012]，《校定本本田宗一郎传》(三树书房) 51~52页，以下简称为《本田宗一郎传》。
5　本田宗一郎[1961]，《速度生活》(实业之日本公司) 17页。
6　上述《公司史（7年史）》63页。
7　同上书，63~64页。
8　本田宗一郎[1996]，《我的想法》(新潮文库) 53~54页。
9　《本田公司报》No.111，1965年5月。
10　深津贤辅先生采访。
11　上述《公司史（7年史）》83页。

12 小林三郎 [2012],《本田创新的精髓——独创性产品是这样制造的》(日经 BP 公司) 60 页。作者是本田前经营企划部部长。以下简称为《本田创新的精髓》。
13 本田宗一郎 [2001],《本田宗一郎为梦想注入力量——我的履历表》(日经商务人文库) 238 页,以下简称为《为梦想注入力量》。
14 佐高信 [2016],《无法让人类幸福的日本公司》(平凡社新书) 200 页。
15 本田宗一郎 [2005],《做想做的事》(PHP 研究所) 249 页。
16 城山三郎 [2010],《"新装版"与本田宗一郎在一起的 100 个小时》(PHP 出版业发行、PHP 研究所发售) 77 页。初版于 1984 年由讲谈社出版。
17 上述《本田创新的精髓》88 页。
18 片山修 [2004],《本田宗一郎与"昭和的男人们"》(文春新书) 172 页。
19 名和高司 [2016],《企业成长的法则——从世界 100 强公司看 21 世纪型的经营理论》218 页。
20 同上书,217~221 页。
21 上述《为梦想注入力量》234 页。
22 上述《做想做的事》124 页。
23 本田宗一郎 [1985],《我的手在说话》(讲谈社文库) 3~4 页。
24 上述《我的想法》54 页。
25 同上书,56~57 页。
26 上述《本田宗一郎传》238 页。
27 上述《"新装版"与本田宗一郎在一起的 100 个小时》34 页。
28 大河滋 [1998],《创建本田的另一个创业者——继承藤泽武夫的教导》(经营社) 157 页。
29 上述《做想做的事》196 页。

30 上述《本田宗一郎传》106~107页。

31 上述《为梦想注入力量》40~41页。

32 上述《做想做的事》237页。

33 上述《我的手在说话》24页。

34 《宝岛附刊本田宗一郎这种生活方式》（宝岛社）2015年出版28页。

35 上述《我的手在说话》96页。

36 上述《为梦想注入力量》234~235页。

37 上述《我的手在说话》50页。

38 本田宗一郎[2000],《大显身手》（三笠书房）202页。

39 上述《为梦想注入力量》183页。

40 上述《本田宗一郎传》47页。

41 大泷修一[1981],"立川文库·2个东京"《立川文库杰作集》（诺贝尔书房）附刊解说5页。

42 上述《我的手在说话》70页。

43 同上书，164页。

44 E.H.科尔著、清水幾太郎译[1962],《历史是什么》（岩波新书）40、184页。

45 上述《我的手在说话》202~206页。

46 同上书，205~206页。

47 同上书，93页。

48 上述《做想做的事》103页。

49 城山三郎[1996],"代替解说"上述《我的想法》209页。

50 上述《我的手在说话》26页。

51 上述《做想做的事》58页。

52 渡边洋男先生的采访。

53 上述《为梦想注入力量》264 页。
54 上述《创建本田的另一个创业者——继承藤泽武夫的教导》156 页。
55 同上书,54~55 页。上述《做想做的事》17 页。上述《"新装版"与本田宗一郎在一起的 100 个小时》124~125 页。
56 上述《大显身手》27 页。
57 井深大 [2010],《我的朋友本田宗一郎》(芝麻书房新社) 96 页。
58 原田一男·芝麻书房新社编辑部编著 [2012],《本田宗一郎先生,毕生的梦想——人类·本田宗一郎的庐山真面》(芝麻书房新社) 130 页。
59 上述《一帆风顺》31 页
60 川本信彦先生的采访。
61 久米是志 [2002],《"盲目"的建议》(岩波活性新书) 28 页。
62 同上书,34~38 页。
63 上述《做想做的事》58 页。
64 上述《宝岛附刊本田宗一郎这种生活方式》32 页。
65 藤泽武夫 [1974],《火把在自己手中——与本田同在的 25 年》(产业能率短期大学出版部) 33 页。
66 上述《本田创新的真髓》193~194 页。
67 同上书,194~195 页。

Ⅲ．藤泽武夫卓越的实践性知识

藤泽的纵向系与宗一郎的横向系

接着,我们来了解一下宗一郎的搭档,同时也是其合伙人——藤泽武夫的领导能力。[1]

二人初次会面时,宗一郎跟藤泽这样说:

金钱的事情都交给你,但关于今后要做什么,我不想受到任何制约,因为我才是技术人员。

藤泽的回答如下:

那金钱的事就都交给我吧。若是想要买机器或其他东西,请采取最简单易懂的方法来跟我说明。因为你才是社长,所以我会听从你的吩咐。只是不要目光短浅,看不到未来。

确实如此。我们都不要目光短浅。[2]

宗一郎回答说。

宗一郎负责产品制造,藤泽负责管理资金和设备,他们二人互不干涉对方的事情,并非缺乏远见,而是想要创办一个有远见，也就是具有前瞻性或者领先世界的企业。两人便是通过这样简单的约定联起手来。当时的宗一郎42岁，藤泽39岁，相差3岁。虽然宗一郎保管社长印章，但直到他退位也没碰过这枚印章。也正因为如此，本田公司实际上被人称为藤泽商会。藤泽的头衔在1952年是专务董事，在1964年升为副社长。

藤泽在自己的《经营没有结束》一书中写道：

两人一起工作的时间维持10年左右会比较好。但是，汽车制造的产业无法在10年间完成，需要相当长的时间。当我听完宗一郎的讲话后，感觉未来会不断涌现出许多无法估量的事物。我认为，如果我担任那个为他铺设轨道，让他可以付诸行动的角色，本田便能沿着轨道一路向前。[3]

此外，藤泽在这本书中还引用了以研究中国文学闻名的吉川幸次郎的一句话："经营的'经'字是左右结构，'营'字是上下结构。织布时，纵向纹丝不动，而横向因为贯穿着一根粗线，所以可以根据情况自由移动。"属于纵向系的藤泽负责的就是那根粗线，也就是"经"。藤泽认为，只要纵向的粗线一直稳住不动，无论宗一郎的横线运动得多么激烈，甚至偏离方向，本田这个企业也不会倒闭，仍然会继续前进。[4]

当然，因为宗一郎是社长，决定纵向线的性质时，还必须听取他的意见。创业后两年左右的时间里，两人经常促膝而谈，有时甚至会谈到凌晨三四点。还有这样的逸事:两人一边抓住电车的吊环,一边聊天,因为聊得过于投入,坐过了站,等回过神来电车都开到终点站了。[5]

纵向系的本田技研从这个对话中诞生了。不过,塑造该纵向线性格的是本田的人道主义,以及我(藤泽武夫)的浪漫主义。[6]

宗一郎的完美助手——藤泽武夫

那么,先回顾前面讲的6种能力:

(1)制定"好"目标的能力。

(2)直视真实和现实的能力。

(3)适时造势的能力。

(4)讲述直观本质的能力。

(5)实现其构想的公关能力。

(6)组织实践性知识的能力。

如果让企业领导人模仿具备上述所有能力的实践性知识型领导人,①需要准确定义企业的理念、目标,以及企业在社会上存在的理由;②正确把握瞬息万变的经营环境;③让员工鼓足干劲;④提升讲话技巧,巧妙表达自己的构想;⑤为取得成功也运用权谋术数;⑥不放松对后辈的指导培养。这6点能力在前面也有提到过。

正如我们看到的那样，创造本田未来、作为本田横向领导人的本田宗一郎通过独特的个性，把这6种能力充分发挥了出来。但若问这是否足够应对本田公司的经营，答案是否定的。那么这其中到底缺少了什么呢？答案是可供本田永久发展的轨道，即纵向系的配备。

因为本田是制造商，经营的关键就在于可以持续生产出多少新产品。从6个主要能力来看：（1）制定职员认为"好"的目标；（2）从现场、现货、现实中构想实现该目标所需的机器；（3）在巧妙营造能激发员工智慧氛围的同时；（4）运用语言和漫画指导、鼓舞他们；（5）再运用亲和力和强制力鼓励员工投入工作。这些都是宗一郎在尽力做到的事情。

但是，仅凭这些还无法创办好一个企业。产品生产出来以后，就必须把它们全卖出去，这就需要一定的投资资金，既是用于维持市场运营，也是用于支付账款，若想永久维持组织经营，人才培养也很重要，这同样需要资金投入。

上述6种能力的（4）（5）（6）具体来说，便是（4）描绘扩大销售和企业成长的蓝图,（5）巧妙地引导该蓝图的实现,（6）并在组织内传播、传承实践性知识领导人——本田宗一郎的智慧。负责这些任务的人便是藤泽。正如藤泽自己所说，他就像在铺设轨道。

那么,藤泽实际上发挥了什么样的作用呢?让我们从上述提到的(4)(5)(6)这三种能力一一来看。

(4)讲述直观本质的能力
酷爱读书

与宗一郎形成鲜明对比,藤泽极爱读书。他喜欢的作家有夏目漱石、和辻哲郎、吉川幸次郎,喜欢哲学类、历史类的图书。在第二次世界大战前的20世纪20年代末,他读了由自由派编辑——清沢洌于1924年编著的《日本外交史》,从中受到了很大的启发。[7]日本退出国际联盟就在9年前,即1933年。在当时,日本国民以雷鸣般的掌声欢迎庆贺此事,但这本书却批评日本退出国际联盟是错误的决定,这是相当有勇气的举动。藤泽对书中以下内容印象深刻。

——军方和外交是车的两个轮子。当这两个轮子保持平衡时,国家就会安定。但军方若是小轮子,却对外标榜很大,同时还要求外交上也保持其夸大后的大小,那么车体就会失去平衡,一定会翻车。而本次退出国际联盟便是为了让外交这个轮子去迎合夸大后的军方轮子。[8]

在本田公司面临破产危机的1954年,藤泽想起了这本他年轻时读过的书。当时的本田不仅比不过其他公司不断推出的新产品,就连现有产品的发动机也不断出现运转不佳的问题。决定性问题便出在于年初发售的本田首款正式轻便摩托车——朱诺号 K 型的销量不佳上。

藤泽反省道:在本田,如果把国家的军事力量看作技术力量的话,与外交力量相对的便是经营力量,因此必须要取得二者的平衡。但是,这次明显是对技术力量期待过高了。即使从工作现场来看,前景依然乐观,但也不能盲目跟风;否则就会很容易夸大技术力量,绝对不能破坏它与销售之间的平衡。[9]

决定参加马恩岛"T·T比赛",并起草宣言

通过藤泽说服合作企业和银行,以及宗一郎成功改变故障原因——汽化器的设计等努力,危机得以顺利消除。虽然公司外部的问题解决了,但公司内部还存在问题。员工们意志消沉,都觉得两人提倡的"成为世界级企业"只是镜花水月,这种氛围一直在公司内部蔓延。

不管藤泽对公司职员说什么,事情都没有好转,有没有可以振奋员工心情的"故事"呢?

此时想到的便是参加被称为世界最高级、摩托车界奥运会——马恩岛"T·T比赛"。由于宗一郎在很早前就反复提到他想挑战世界第一,于是他跃跃欲试地说:"是男人就应该去马

恩岛一决胜负。"因此,藤泽便以宗一郎之名代写了《马恩岛T·T比赛的参赛宣言》,[10] 原文如下。

　　　　　　　　《宣言》

我们本田技研成立已五年有余,取得的划时代飞跃是全体员工共同努力的结晶,理应共同庆祝。

我幼年时便有一个梦想——用自己制作的汽车夺得全世界汽车竞赛的霸主。但是,在成为全世界霸主之前,首先需要做到稳定企业、设备精密、设计优秀。我们以此为重点,始终致力于为国内消费者提供优良实用的汽车,完全没有时间顾及摩托车比赛,直到今天。

根据此次圣保罗市的国际摩托车赛的回国报告,我全面了解到欧美国家的真实情况。我意识到虽然我的计划完全不拘泥于现实,关注世界,但还是过于被日本的现状所绊。现在的世界正以惊人的速度进步着。

我始终相信,凭借多年来的构思,一定能取胜,这种自信源源不断地涌上我心间。我天生的斗志不允许我一直不付诸行动。

现如今,我们拥有绝对的自信,以及完备的生产态势,这真的是绝佳时机!故在此坚定来年参加"T·T比赛"的决心。

该比赛目前还没有用国产车参赛的日本选手出现,更别说夺得比赛的冠军了。只要车辆不出事故地跑完全程,便能向全世界证明该赛车质量优良。而由比赛结果带来的口碑能极大程度上提高产品的出口量。因此我们要像德、英、意、法的各大顶级企业那样,全力准备该比赛。

我将为该比赛专门制作一款250CC(中级车)赛车,让它代表我们本田技研参加这场世界大赛。我有信心让这辆赛车的时速达到180千米/小时以上。

优良飞机的发动机每升最多也就55马力,而我们的赛车要达到每升100马力,正好是飞机的两倍。如果我们公司在独创性的基础上开发出这款发动机,就说明我们攀上了全世界技术水平最高峰。

因为近代重工业蓬勃发展——摩托车是综合性产业,所以别说是发动机了,就连轮胎、链条、汽化器等都需要最高技术的支持,其背后必须要有强大的集中力、付出真正的努力。

诸位,让本田技研集结全部力量去夺得桂冠吧!大家肩上担负着本田技研的未来,希望大家能怀着无比高涨的热情,抵住艰难困苦,在精密的研究作业方面实现自己的价值。本田技研的飞跃是你们的成长,而你们的成长也决定着本田技研的未来。

仔细留意每一个螺丝钉，不浪费每一张纸，正是通过这些细节，你们才能开辟前进的道路，我们技研的前进道路由大家一起共同开拓。

承蒙各外驻工厂、代理店、相关银行，甚至是诸多顾客的大力协助，我们才享有能全力集中准备比赛的绝佳环境。

每当看到同是战败国的德国的产业复兴，我便暗暗想着我们本田技研也必须要突破复兴难关。

我们要向全世界展现日本机械工业的真正价值。我们本田技研的使命就是成为日本产业的领路人。

在此我向大家表达决心：我向诸位发誓，为了夺得"T·T比赛"的冠军，我会倾注毕生心血去努力开发创造。

宣言如上。

昭和二十九年 3 月 20 日
本田技研工业股份公司社长本田宗一郎

这些话实在是句句珠玑，细读后便能发现它不仅仅是参赛宣言这么简单。为了改变惨淡的企业氛围，有必要设定一个能团结大家的目标。既然一直说要成为世界级企业、成为第一，那么就应该把这个目标宣告天下。因此，藤泽的头脑中就产生了参加马恩岛"T·T比赛"的想法。阅读完该宣言后，想必你也能发现藤泽同样具备了（1）制定"好"目标的能力。

从未来应有的姿势出发去制定目标

丰富的阅读量是藤泽的筹码，助他早一步探知本田未来需制定的目标，并帮助他将事物概念化。

接受过藤泽教诲的大河原滋在本田工作时写过这样一段话：

藤泽先生总是能预测到未来数十年的情况，描绘出本田的未来。现在回顾过去，发现时代发展真如藤泽先生预测的那样，藤泽先生面向本田未来布局，现如今也硕果累累……藤泽一派以在不久的将来应有的姿态出发……对未来的本田来说，现在缺少什么呢？他们要从一片迷茫中找到主题，并将其设定为目标。[11]

这与藤泽所讲的如下内容吻合。

经营不同于工作。经营者每天都会去上班签到，看看文件等，但这不能称为工作……我认为，真正的经营是指能让企业毫无阻碍地顺利发展下去，今后也要防患于未然，排除掉一切阻碍因素。[12]

这是发生在 1985 年（昭和六十年），东京青山新总部大楼竣工时候的故事。看到最初制成的大楼模型后，宗一郎说："你是想烤人吗！"他用很强硬的语气指责防灾对策的不完备。相反，藤泽走到负责人身边，对他讲道："我想知道该建筑物的设计标准是依据哪一年的。明明要面向21世纪，但它的设计看起来像60年代的风格。"最后，设计方面有所变动，但即使看到同样的东西，两人的想法也截然不同。[13]

超级小狼是藤泽的提案

在本田创立初期，藤泽曾考虑把生产方式设计成金字塔那样。高价格产品的需求比较小，而低价格产品的需求则很大，前者构成金字塔的顶端，后者构成金字塔的底层。藤泽认为，如果不发展后者，本田就无法成长为大企业。

后来被出口到世界各地、成为本田代名词的超级小狼摩托车便是藤泽提出生产的底座系列产品，该产品的概念提出者实际上就是他。

1956年，藤泽与宗一郎一起去联邦德国、意大利考察旅行。在飞往德、意的途中，二人进行了商讨。

"像小狼号F型那样，给自行车装上发动机的产品已经不行了。设计一个整车身、排量50CC的摩托车怎么样？我觉得我们就应该制造构成金字塔底层的小型摩托车。底层不扩大，公司就没有发展前景。"

"就算你跟我讲这些，我也没法生产出50CC排量的摩托车呀！"[14]

藤泽没有因为宗一郎的否定就此放弃。在当时,从日本到德国要飞 72 小时,藤泽抓住机会在飞行途中多次跟宗一郎沟通他的想法,努力劝说。

他们在联邦德国、意大利见到了很多著名的摩托车厂商,这使宗一郎渐渐地开始在意起藤泽的提议,一看到类似的产品,他便会问藤泽,这个怎么样?但都没得到藤泽的认同。尽管如此,宗一郎还是不断地征询藤泽的意见。在二人进行问答期间,宗一郎的脑海里逐渐浮现出一个模型。

回国后大概过了一年,某一天,宗一郎打电话给藤泽,让他来研究所一趟。藤泽立马出发,到了之后便看见了后来被命名为"超级小狼"的智能小型摩托车的模型。

藤泽打包票说:"这个一定会大卖。"

"能卖多少辆?"对于宗一郎的这个问题,藤泽回答道:"嗯,3 万辆吧。"

年轻的研究员问:"一年卖 3 万辆吗?"

藤泽回答:"笨蛋,是一个月 3 万辆!"

"啊?"[15]

当时,包括宗一郎在内,在场的所有研究员都震惊了。因为本田当时最畅销的梦想号与 Benly 号合在一起,一个月也才卖出6000~7000辆，日本全国的两轮车销售数量加在一起也就2万辆左右。

结果和藤泽预想的一样。1958年，超级小狼C100共卖出了9万辆，超过了本田之前的年销量。第二年人气继续飙升，年销售量达到41万辆，也就是平均每月卖出3.4万辆，这完全和藤泽预料的一样。后来，该产品开始向世界出口，在其发售的15年之际，年销量突破1500万辆，最终超过了美国T型福特和德国大众汽车的销售量，刷新了单一机种交通工具的世界最高销售纪录。[16]

不要拔出桑树的树根

藤泽在解释说明时经常使用比喻，比如"不要拔出桑树的树根"[17]。

在第二次世界大战后的一段时期，非常流行"三轮摩托车"这种交通工具，其中小型三轮摩托车的销路更是火爆。在本田公司的代销店中，有很多人对两轮车（摩托车）的核心经营产生了疑问，想要扩大销售小型三轮摩托车的呼声越来越大。

对此，藤泽在本田的全国大会上斩钉截铁地对代理商讲道：

如果两轮车无论如何都卖不出去，那我们就不做了。但是，如果你是因为没有赶上热潮，想在业余时间做三轮车的买卖，那就等于拔出桑树的树根。[18]

1958年后丝绸价格暴跌，导致"丝绸没有未来"的舆论甚嚣尘上，一直努力养蚕的人因此受到了很大打击。有不少人认为，既然都没有未来了，便把养蚕用的桑树连根拔起。但两年后，由于世界范围内出现丝绸供给不足的现象，养蚕又变成了相当挣钱的工作，之前将桑树连根拔起的人又只能望洋兴叹、束手无策。藤泽讲的就是这么一回事。他的预测非常准确，在那一年后，小型三轮摩托车的二手车价格暴跌，再次转向了坚如磐石的两轮车时代。

（5）实现其构想的公关力量

才思泉涌的人

藤泽是"才思泉涌"之人，他能不断迸发出打破各种局面所需的智慧。

装着自行车所用的辅助发动机的小狼号F型是1952年（昭和二十七年）开始发售的。藤泽想把这个产品作为打造新销售网的一个契机。他让现有的代销店只出售"梦想号"中型摩托车，并创建新的销售店铺。他把重点放在全国范围内约5.5万家非本行的自行车专卖店上。于是把写了以下内容的信件邮寄给每一家店。

日俄战争后，诸位的祖先在其他人连重整连锁店或修理爆胎都无法想象之时，就已经鼓起勇气下定决心去卖进口自行车，这也成就了诸位今日手中打理的生意。但是，时代在不断变化，顾客需要装有发动机的自行车，而本田正在制造这种发动机，诸位对此是否感兴趣呢？期待诸位的回信。

其中有 3 万家店都回复"感兴趣"，藤泽再次寄出一封书信。

非常感谢诸位的回信。我决定赠送每家店一台发动机。每台发动机的零售价是 25000 日元，批发价格定为 19000 日元。你们可以通过邮政汇款。汇款请汇到三菱银行京桥支行。

另外，藤泽还拜访了本田的主要合作银行——三菱银行京桥支行，给行长看了书信，并获得了行长的认可。行长还以自己的名义亲自写下"希望给我的客户——本田技研的汇款，都汇入三菱银行京桥支行"的收款信函，并把它们分别邮寄给 3 万家自行车专卖店。

最终打造了包罗 13000 家店在内的销售网。1952 年 6 月，小狼号 F 型发动机一经发售，销售情况就异常火爆，追加了很多订单，藤泽甚至很开心地写下了"在完成已下过的订单之前，请静心等待"这样的致歉信。

因为自行车是人力机器，所以自行车专卖店内不可能出售装有发动机的交通工具，这是常识。另外，在书信字面上下功夫，灵活借助银行，这种将销售店网状化的新颖想法，只有藤泽才想得出来。[19]

闻所未闻的方法——猜谜对抗特振法

藤泽还有谋士的一面。

本田在1963年（昭和三十八年）想要进军渴望已久的四轮车领域，但如前面提到的那样，这次的征途并不顺利。这是因为通商产业省（译者注：日本的国家行政机关之一，处理有关通商、商矿工业、计量、资源、中小企业振兴等事务。"2001年改为经济产业省"）为了应对贸易自由化、加强国际竞争力，正在准备制定认可特定产业的垄断、并保护培养其垄断的法案，即特定产业振兴临时措施法，通称特振法。这一法案不仅针对汽车产业，还针对重型电机、石油化学产业，特别是与汽车相关的企业。为控制新企业的出现，刚进军汽车产业的企业被要求必须生产出规定数量的轿车。铃木已成功进军四轮业。如果这个法案通过的话，本田将永远失去进军四轮业的机会。

宗一郎和藤泽下定决心招聘四轮车研发人员，配置相应的工厂设备，最终成功开发了可坐两个人的跑车，即运动360和运动500，并在1962年的汽车展上亮相。这两种型号标准化后，再销售的是本田S500。

本田创业时期的两位领导人——本田宗一郎（中间）、藤泽武夫（右），以及后来成为第二任社长的河岛喜好（左）

在发售之前，本田在全国61家报纸上都打了广告，他们将进行一项前所未有的"S500价格竞猜"活动。这件事发生在1963年6月，竞猜活动的奖品就是S500，藤泽是该活动的策划人。

从全国各地收到了574万封竞猜来信，其中大部分来信都回答50万日元以上。S500的实际价格是45.9万日元。该活动并不是出于让特振法废案而设计的，而是为了证明国民对本田生产的四轮汽车抱有很大期待，藤泽回顾这次活动时也是这样认为的。但真的是这样吗？通商产业省的官员也惊讶于该活动反响之大，以"不要做过于夸张的事情"收尾。最终，特振法没能在1963年定期举行的国会上得到通过,成为废案。

这项活动的宣传广告的工作也由藤泽全权负责,他巧妙地使用了两种方式:在广告中像挤牙膏式一样预告预售产品的庐山真面目,以及在报纸上打整版广告。在公司外部,藤泽聚集了一些年轻人,组成了自己的智囊团,其中有设计师、音乐家、证券师等来自各行各业的年轻人。藤泽通过跟他们喝酒来收集情报。[20]

作为配角的滋味

藤泽曾两次给宗一郎下"最后通牒"。作为二把手,藤泽的政治手腕之强令人惊叹。就像后来发展的那样,宗一郎之所以决定辞去社长一职,是因为他得知藤泽也将引退。不过,后来据说藤泽自己感叹,作为一起走过25年的经营者,他却没有亲自跟宗一郎商谈引退之事,这是他最大的失败。

还有另外一件事可能要比上面那件事更重要,这次之所以下最后通牒,是因为1970年发生的《玛斯基条例》(译者注:美国1970年制定的规范汽车尾气法律的通称)问题。那一年,美国议会通过了大气净化法,并规定了5年的准备时间,而且在颁布的条例中有一些让汽车企业头疼不已的条款:如果不能将从发动机中排出的有毒物质减少到目前的1/10,就不允许在美国国内出售新车。

本田也发动了全公司的力量去解决这个问题,只是,对于从事这个项目开发的人员来说,有一个眼中钉般的存在,那便是宗一郎本人。以项目领导人久米是志为中心的开发团队主张采取水冷却,否则就不可能开发出低公害的发动机,但宗一郎却坚决反对,并反复强调必须采取空气冷却。

第二次世界大战中,在利比亚的沙漠地带,德国的隆美尔将军之所以能打败英国军队,就是因为他们的坦克是空气冷却式的。[21]

当时,汽车发动机的主流都采用水冷却。该方式是利用水来控制发动机内部温度的上升。而空气冷却是利用风扇,通过通风来冷却发动机。不使用水可以简化发动机结构、减少故障,但由于发动机的输出功率越大,产生的热量便越多,仅凭通风是很难控制温度的。两轮车姑且不论,在四轮车中,采用空气冷却是不现实的,这是常识。宗一郎在艺术商社时期就曾被水冷却发动机的水泄漏问题狠狠折磨过,所以他认为发动机的理想状态是采用空气冷却,并想通过这种方式制造出划时代的发动机,这种想法深深扎根在他的头脑中,谁也无法改变。[22]

藤泽与开发团队直接见过面,他很能理解开发团队的这种"该发动机只有采取水冷却才能开发出来"的心情,之后就只能自己想办法了。

他与宗一郎会面,向其转达了技术人员的意见。

不是呀,气冷也一样啊!跟你解释,估计你也不懂。

面对顽固的宗一郎,藤泽也毫不退让。

你是作为本田公司的社长来考虑公司的走向呢,还是作为技术人员来考虑公司的走向呢?是不是应该选择一个啊?

听完这句话,宗一郎在短暂沉默后这样回答道:

我当然还是应该选择社长。

那可以研发水冷却了吗?

可以。如果年轻人希望这么做,那就这么做吧。

第二天,宗一郎招集了全体技术人员,在听取了大家的意见后,下达了研发水冷却发动机的指令。[23]

藤泽留下了这样一段话:

对于配角来说,在某些场合,我必须站在最前面,即出现在主角崭露头角之时以及主角的名誉即将受损害之时。正是在这种情况下,配角才必须要发挥出最好的演技。我是一名投机家,如果让我搭建舞台、上台表演的话,绝对是举世无双的![24]

(6) 组织实践性知识的能力

专家制度的创立

藤泽喜欢看历史和哲学方面的书。在他爱看的书中，有一本由提倡皇国史观的历史学家平泉澄所著于 1936 年出版的《万物流转》。书中有这样一段话：

不灭的珍珠，长良的桥，都在万物流转的法则之内。以物作为主体，阴晴圆缺、斗转星移，万物皆如泡沫般消散，而现今留下的残骸，便是万物流转的法则。只依靠财富与权力，则万事成空。只有人的思想与安定平稳的心，方能永久留存、流芳百世。[25]

地球上存在的所有东西都是流动变化的，本田也不例外。本田之所以能走到今天，得益于它一直顺从万物流转的法则，繁盛的事物也必有衰退的一天。必须要在本田内部组建一个团队，助本田从即将再次出现的经营危机中逃脱出来。以前面提到的 1954 年危机为契机，藤泽的这种想法愈加强烈。[26]

他认为，1954 年的失败是因为过于依赖本田宗一郎的卓越才能。本田能发展到今天，确实是因为宗一郎规划的设计图非常出色，但也不能永远依赖一个天才的能力。他认为有必要组建一个能代替宗一郎的中级技术团队，还需要制定能提高该团队能力的机制。

第一项举措就是制定专家制度。该机制不会对管理层以下的技术人员产生不利影响，反而能让他们以专家的身份安心走完职业生涯。由于这个机制直接关系到工资问题，所以工会一直不赞同。直到1968年4月，才终于在总公司机构内开始实施专职制度。从藤泽倡导制定专家制度到真正实现，历经了15年之久。

这个专职制度能够落实，大概是因为企业中一直没出现第二个、第三个本田宗一郎。一直找不到比在组织中创建一个非常出色的专家团队，并让它在组织内发展壮大更好的方法。我日思夜想的都是它的起源。[27]

这正是实践性知识制度化的过程。

研究所的独立，大董事办公室制，头脑风暴

1957年6月，本田将埼玉制作所的设计部独立了出来，还将白子工厂内成立的技术研究所分离、独立出来，将它们合在一起组成本田技术研究所股份公司。以下是发生在1960年7月的事。[28]

一般企业都是金字塔形机构，本田也是如此。在这种情况下，科长的数量可以得到控制，但如果是研究所的话，就算没有下属，即使有多名专业能力强的科长也不奇怪。这种研究所就是所谓

的平行形机构。在该研究所内,即使是新人,只要有卓越的能力,就可以成为研究员,甚至是首席研究员。总公司将每年销售额的3%作为该机构的研究开发费用。为了能让研究人员专注于工作,采用不硬性规定上班时间和工作时间的弹性工作制,根据研究业绩决定工资的年薪制度。这些都是当时非常新颖的制度规定。[29]

藤泽是怎么构思的呢?

我年轻时读过夏目漱石的一本书,书中讲日俄战争举国骚乱之时,一位在大学地下室打磨玻璃的学者的故事。这个故事一直在我脑海中挥之不去,长达40年之久。企业也需要创造这种环境,即像打磨玻璃那样让人能平静沉着工作的环境,这样才能进一步扩大技术人员的范围,让他们生产出可以守护企业的商品。[30]

那本书便是夏目漱石的《吾辈是猫》,书中的学者是指那位为了研究紫外线对青蛙眼球电动作用的影响,在大学的地下室持续打磨玻璃球的学者——水岛寒月(据说是以漱石门下的寺田寅彦为原型)。[31]

藤泽也着手创办了"能让第二个、第三个藤泽武夫出现的机构"。

他在1964年把各个董事从管理下属的烦琐工作中解放出来，让他们聚集在同一个地方办公，为此建了一间很大的董事办公室。

藤泽对心存疑惑的董事们这样讲道："你们的职责在于从什么都没有的零基础上，去寻找'应该怎么做'这个问题。整理日常业务是部长以下的负责人的工作。所长和董事只有在涉及对外的面子问题，以及在与对方协商时才发挥作用，这都不是什么重要的问题。所以，想让你们所有人都聚集在这个房间里，从'什么都没有'的原点出发，去探寻'应如何做'。希望大家能够先从每日的闲聊开始。"[32]

困惑不已的董事们起初也展开了激烈的讨论，负责现场的董事了解到会计和经营的实际情况，负责营业的董事了解到工厂和研究开发的现状，这么一来，就可以防止组织的固化。特别是当美国的本田车出现销量萎靡和缺陷车滞销等问题时，该办公室讨论出了一个划时代的解决方案。

这么一来，就不是由本田或者我一人来决定，而是集齐员工们的想法，负责人的想法，把各种各样的想法相互融合，最终构成一个集体思考的成果，形成一套通过集体思考的方式来进行决策的体制。[33]

藤泽不仅在这样的制度和机构上，就是在日常工作场所方面也致力于创建一个能培养出下一个本田宗一郎的机构。这就是"头脑风暴"。

提出各种各样的主题,在公司外住上3天3夜,给成员们提供可以进行自由讨论的环境。外宿的地方并不是单纯的集体思路接力的场所。

总之,花费了很长时间,形成了"本田存在的意义是什么""自己在为了什么而工作"等本质性讨论。宗一郎是天才,普通人根本模仿不了。因此,这里便是聚集了很多普通人和天才辩论斗争的场所,据说这就是头脑风暴会议。这个主意是藤泽想出来的,久米是志将其付诸行动。据说,在本田技术研究所"参加过20次头脑风暴会议的人是白带;40次是黑带,并以主导讨论的黑带人员为目标"。[34]

藤泽经常听取别人的意见,他也要求员工们这么做。

藤泽认为会议不需要领导人,所有人都应该扮演汇总的角色。如果会议有领导,就容易影响现场的讨论走向。在大家吵吵嚷嚷时,往往会浮现出一个共通的核心观点,这也是所有人的共同意见。除了核心观点以外,其他意见也并非能够轻易舍弃,而是能活用的都应该活用。

两个人讨论的时候,一人提出一个方案,另一人对此表示异议,提出另一个方案。后提出的方案是在受到前一个方案的启发后产生的,因此如果根据后提出的方案进行讨论的话,接下去的讨论就会把提出最初方案之人的想法也包含在内,讨论才能顺利进行下去,这就是藤泽的想法。[35]

藤泽还很擅长"适时造势的能力"。

没必要录用两个同类人

藤泽和宗一郎简直是两个完全相反类型的人。藤泽的个子很高,宗一郎则是小个子;与喜欢不输于跑车颜色的鲜艳的三原色洋装的宗一郎相比,藤泽喜欢和服,他甚至曾经穿着日式白色短布袜和草鞋,身着和服便装去公司上班。宗一郎善于外交、心直口快,特别喜欢和人讲话,而藤泽则给周围人一种不好相处的感觉,对人的好恶也非常明显。

宗一郎曾夸口讲自己不读书,而藤泽不管是文学、哲学类书,还是历史书都很喜欢。说到宗一郎的爱好,那便是摆弄工作上的机器,退役后则开始沉迷于打高尔夫球。藤泽是室内派,喜欢绘画,欣赏古典音乐、歌剧、现代爵士乐等,喜好舞台艺术。辞去副社长后,他对在六本木的住宅进行改装,开了一家名为高会堂的店铺,经营高级美术品和艺术品。

宗一郎曾说过:

我在东海精机时期自不用说,从以前开始我就抱有不和自己性格相同人组队的想法。和我相同的话,就不需要两个人,我自己一个人就足够了。即使只有一个目的,为了实现它最好能活用每个人的个性、不同的风格。所以,我想和与自己性格不同的人,各种性格的人,有能力的人一起共事,这是我一贯的想法。

我第一次见到藤泽这个人时,觉得他很优秀。虽说他在第二次世界大战期间做过车刀,但在机器方面,他就是一个纯粹的外行,不过在销售方面,他的手段则非常高明。也就是说,他拥有我没有的东西。[36]

藤泽是这样说的:

社长反而应该要有缺点,因为有缺点才会有魅力。在与人交往时,觉得自己这一方是胜者时,反而会更想接近对方。以理服人对他来说是行不通的。

宗一郎则是这样的情况:若说起有缺点会不会不被人喜欢,会发现极少有像他那样那么受别人喜欢的人。员工们也都喜欢他。当然他缺点很多。关于这一点,我们了如指掌。只是没有说出来而已。

我的缺点相对较少,但是也就相应地缺失了那一部分的魅力。所以,我没有当上社长。[37]

当然,两人也有共同点,那就是他们的童年都是在不富裕的环境下成长的,学历也都不高,两人都年纪轻轻便成为企业经营者,实现了自主独立。他们都不贪图私利,生性恬淡,奉行的方针都是"专注于制造产品,不赚本业以外的钱"和"不让儿子进入公司"。

两人都是追求梦想的浪漫主义者。在第一次见面时,对于宗一郎"要不要赌一把"的邀请,藤泽回答说:"人生本身就是赌博。花纸牌(译者注:将不同的花牌相互搭配起来玩的一种日本纸牌)和色子都太小儿科了。"宗一郎回应"我也是这么想的",对此表示赞同。[38]

他们也都不喜欢模仿。宗一郎对模仿别人的员工会生很大的气,连简单的模仿都不允许。藤泽也不太喜欢二手或三手的制作,他最喜欢的一句话"火把在自己手中",这也是他自著的书的书名。跟随前面的人走会很简单,但你永远也走不到最前面,意思是即使再苦,也要在黑暗中用自己的手举起火把,走到最前面。

分开后再见面还是会起争执

度过 1954 年(昭和二十九年)的经营危机后,藤泽租借了离东京八重洲总部不远的银座布料店越后屋大楼二楼的一个房间,他将房间的墙壁涂黑,搬进去很多书籍,在房间里一边埋头思索,一边工作。他的每日功课就是解读丘吉尔的巨著《第二次世界大战回忆录》。这是藤泽在因为一些事情忙得脱不开身时,想着怎么做才能有闲暇时间,才开始学习丘吉尔的。[39]

酷爱读书的藤泽喜欢的一句话是:"白鹤高飞,不逐群。"[40]

另外,宗一郎每天都会前往埼玉县的白子工厂,全力研发用于参加马恩岛"T·T比赛"的发动机。此后,直到两人引退为止,他们一年只面对面对话过几次,并一直保持这样的相处方式。

虽然世人都在传二人不和,但藤泽否认了:

我喜欢音乐,所以就用音乐来比喻吧。19世纪以前的交响乐都会规定好这里是第一小提琴,这里是第二小提琴,那里是大提琴等,各自分组,编排出整齐划一的和声。但是到了巴托尔时代,各个乐器都分散开来了。离得很远的乐器看似在被随意移动,但仔细聆听整体,却能发现一个非常美妙的音乐世界。

藤泽认为,近代产业的经营领导者的行动就像20世纪后半期的音乐。如果不能组织一个团体,就算不上是领导人,这一说法很奇怪。由于领导人必须在各自领域内勇于单独行动,所以只要各自的行动都集聚在同一个目标,合力打造经营的世界便可。[41]

不过,两人并没有完全分工,不进行协商。他们之间还发生过这样的事情。

在八重洲旧白木屋的一家理发店,偶然间,宗一郎与藤泽两人几乎在同一时间坐在理发台上。两人没有紧挨着,中间还坐着另外一个客人。刚开始,两人只是互相打个招呼,问候一声"好久不见""你也来了"。后来讲到某一话题时,两人都开始兴奋起来,唾沫横飞地讨论起来。在旁人看来,他俩完全就是在吵架,夹在中间的客人受不了了,便对二人讲道:"我们换一下位置吧。"两人这才消停下来。[42](本田公司董事OB深津贤辅氏的采访。)

虽然两人之间划清了界限,技术开发和制造由宗一郎负责,金钱管理之类的工作由藤泽负责,但除了上述两项,在经营上还存在其他很多问题。有时两人甚至会吵起来,因为都在认真地经营企业。关系要好的两人并非互不影响,其实都在妥协中经营。

宗一郎曾这么讲过:

我和藤泽两人之间当然也有意见分歧和见解对立的时候,在这种时候都会展开激烈的讨论。但是,这并不是让两人的友情出现裂痕的吵架,而是在满怀热情地互相纠正对方观点中的错误而已。说起来,这也是两人在努力互相理解对方。[43]

藤泽也这么讲道:

对于宗一郎正在做的很多事情，我经常会感叹"他在干嘛"。但不管怎么说，我们两人还是互相欣赏、互相理解的。至少在我心中，我会觉得"以后不会遇到比他更优秀的人了"。[44]

虽然在新车公开会议上两人很少同席，也几乎没有一起行动过，但这不代表二人反目了。

宗一郎会对围住藤泽的记者们讲道："今天技术的话题比较重要，你们问他也写不出什么好文章来的，顶多问一些他爱好的常磐津调（译者注：净琉璃的流派之一，其曲风是在说唱故事中加入歌谣的要素，主要作为歌舞伎中舞剧的伴奏音乐延续至今）之类的问题。"如果记者一直喋喋不休的话，藤泽就会反过来对宗一郎周围的记者讲道："为了把车卖出去，我们必须对技术进行简单说明。如果写的全是些晦涩难懂的东西，读者是看不懂的。"[45]两人的配合总是那么天衣无缝。

将各自的主观意识连接起来的两人

人都是主观的，两个人就会有两种主观意识。这种主观上的差异并非两人见面后就能统一的，但如果两人在整个人格层面上互相理解、接纳对方，产生共鸣，就会发生不可思议的事情。不同的主观结合在一起，会产生超越个体的、更大的主观，即超越自我的"我们"的主观。著名的现象学学者、东洋大学名誉教授山口一郎曾讲过,这种情况用现象学术语来讲,就是相互主观性。[46]

相互主观性最先出现在婴儿和母亲之间,他们互相凝视、微笑,他们之间不需要特殊的语言,处于主客未分的状态,互相视对方为无可替代的"你"。哲学家马丁·布贝尔把这种状态命名为"我—你(I—You)"关系。

人在成长后逐渐掌握语言,便开始确立自我,让主客体分离。也就是说,人们会将他人对象化,以"我—它(I—It)"的关系来把握与他人之间的关系。

人们一旦长大成人便只会以"我—它"的状态生存,这种说法是错误的。即使在自我发展独立后,若能在心无旁骛的状态下接纳对方,同样可以与他人建立"我—你"关系,其中最典型的例子就是恋爱和结婚。

在宗一郎和藤泽之间,正是存在着这种强烈的相互主观性,毕竟他俩"相互喜欢,相互理解"。

组织内部的知识创造,需要分三个阶段来完成:首先,要有能接受第一人称的个人主观("我")的人;然后根据对话,建立第二人称的相互主观("我—你")的关系;最后,在组织内进行客观共享("我—它")。就本田而言,宗一郎想要成为世界第一的两轮车制造商的主观意识(梦想),得到了藤泽的理解,并与他产生共鸣,因此,藤泽应大力开发位于产品金字塔底层的大众化产品的这一主观意识也得到宗一郎的认同,两相融合形成相互主观性。就这样,将变得更宏伟、更具体的相互主观性在组织内共享、客观化,从而实现主观性目标的具体化。

包揽企业两大功能(技术开发与经营管理)的两位领导人互相知根知底,有着极易产生相互主观性的关系,所以才能够实现快速且强有力的知识创造。

如果没有藤泽,本田可以发展壮大到今天的程度吗?恰如藤泽强调的那样,企业运营需要保持技术和经营的平衡。特别是在领导人又是技术人员的情况下,领导人越是高级和权威,公司整体就会越麻木,盲目相信领导人的技术,过分依赖直至失控,这样的例子有很多。而本田因为有了藤泽的"制衡",成功抑制了这种情况的发生。

为了组织的未来,专门将提出反对意见和少数不同意见的人(或组织)聚集在一起,称为"红色小组"。这一说法来自罗马天主教教会内的"列圣调查审查官",该审查官的职责在于对圣人候选人之前所做的德行和创举提出质疑,因此他也被称为恶魔的代言人。2000年以后,美国军队引入了这一概念,并将其灵活运用,用以从不同角度审视军队的行动,从而将军队从单方面反思中挣脱出来。[47]

藤泽正是本田的"红色小组"。最近,多家风靡一时的大企业接连破产。如果这些企业内部能有像藤泽这样高级的、直言不讳的人,或许就能大大降低这种事态发生的可能性。

宗一郎是隐性知识,藤泽是显性知识

简单解释一下何为组织内的知识创造。

知识创造是由主观的、难以用语言表达的隐性知识,以及客观的、可以用语言表达的显性知识,二者相互转换产生的。

具体来说,在个人与他人直接面对面的基础上,共享彼此的隐性知识,即知识的① "共同化"(Socialization);把这种隐性知识通过对话、思考、隐喻等方式,转变为概念、图像、语言、假说等符号,使之变为显性知识,即知识的② "客观化"(Externalization);把显性知识组合,转变成系统化的故事和理论模型,即知识的③ "连接化"(Combination);将这些故事和模型反复试验,创造出具体的新价值。同时,这一过程中产生的新的隐性知识会透过个人、集体、组织层面进一步加深,即知识的④ "内在化"(Internalization)。知识创造就是由这四个阶段组成的。笔者取这 4 个英文单词的首字母,将其取名为"SECI(关口)模型"。

需要注意的是,隐性知识和显性知识并不是互相独立存在的，二者之间的边界是不断变化的，它们是无法明确分离的整体，即知识从存在论来说不是二元论（dualism），而是一元论，但从认识论来说它是二元性（duality）。

与其说隐性知识和显性知识的关系像硬币的正反面，不如把它想象成海面上经常发生变化的冰山。露出水面、可以看到的部分便是显性知识，而在水下看不见的巨大冰块则是隐性知识。

隐性知识由于受到洋流、海洋生物的影响，其形状经常发生变化，也就是所谓的"动词知识"。与之相对，显性知识只受到空气的影响，是将近一半都已经被固定化了的"名词知识"。想要形成一座完整的冰山，二者缺一不可。

回到知识创造的话题，通过将流动的"动词知识"（knowing）转换成"名词知识"（knowledge），会出现这样一个优点，即更易被人使用或者更易传达给他人，掌握名词化后的新显性知识的人最终可以使用该知识，采取某些行为。通过解释从行为中获取的体验，创造新的"动词知识"，即隐性知识。这个过程就是知识创造。

两人只有一个是经营者，性格、相貌、行为都截然相反，一人直觉很准、经验丰富，一人擅长概念化和洞察未来。虽然有时会激烈讨论，但两人的主观意识相互连接，彼此认可、相

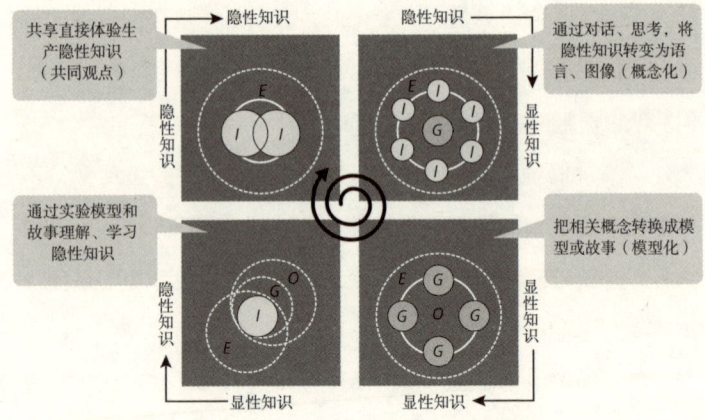

I= 个人（Individual） G= 集体（Group）O= 组织（Organization） E= 环境（Environment）

互尊敬，就连引退也一起……一回顾起宗一郎和藤泽二人之间非常独特且少有的关系，我就忍不住会发出这样的感慨：动词性的隐性知识是指宗一郎的能力，而发挥名词性显性知识作用的是藤泽。说起来，本田的这两位领导人持有的知识类别虽互不相同，但能相互作用，经常发生转变，从而使本田能持续地进行知识创造。

我比你靠前吧

1973年（昭和四十八年）1月，也是本田创业的第25年，藤泽前往后来成为副社长的西田通弘专务的住处，对他说：

"我打算辞职。希望你能把这件事转达给本田先生。"

"藤泽先生好像要辞职。"

西田便这样转达给宗一郎,宗一郎听后立刻这样说道:

"那么,我也辞职吧,俩人一起。"

此后,二人碰面时,宗一郎用眼神示意藤泽到他这边来,藤泽便坐到了本田旁边。

"过得去吧?"

"嗯哪,过得去吧。"

"挺幸福的。"

"真的挺幸福的。衷心感谢你。"

"我也要跟你说一声谢谢,我这一生很精彩。"

引退的故事到此结束了,主观意识相连的两人,步调一致且高调地引退了。[48]

1988年12月30日的晚上,藤泽与家人团聚在一起吃着火锅,因突发心脏病去世,享年78岁。

接到通知后,宗一郎立马赶到位于六本木的藤泽府邸,一直坐在藤泽的遗体旁号啕大哭:"你太狡猾了,要按顺序的啊……你怎么能比我先去呢……"

第二年1月,在芝增上寺由公司举行的葬礼上,宗一郎这样说道:

40年来,藤泽先生一直都被认为是我最好的搭档、最好的朋友,而且对我来说,不但是我的朋友,还是我的兄弟。不!是比兄弟更亲的存在。

经营本田时两人站在一起便可共当一面……

我们两个人为本田倾注了梦想和热情,以世界本田为目标,25年来兢兢业业、殚精竭虑。最后,我和藤泽先生两人作为经营者做的最后一件事,竟是一起从本田技研辞职。

能够尽情燃烧到最后,我们两人都很幸福。

我对你表达了简短但是发自内心的感谢,你也跟我说了同样的话。请容许我今天再重复一遍。

藤泽武夫先生,谢谢你让我度过了幸福的一生。[49]

藤泽死后,在本田公司内部流传着一个部下说的这样的话。

六本木(藤泽)真的是非常厉害的人,在世时一直在背后支撑着老爹,就连临终前预测到自己将先一步去天国,竟让我去参加了老爹的预演葬礼。他想让老爹的葬礼顺利进行。[50]

注释:

1 下面两本书是以藤泽武夫为中心的资料。

藤泽武夫[1974],《火把在自己手中——与本田同在的25年》(产业能率短期大学出版部）。另外，由于 2009 年 PHP 研究所发行了新装版，内容的一部分被割爱删去，所以本书使用了 1974 年的版本。

藤泽武夫 [1998]，《经营没有尽头》（文春文库），初版则是 1986 内斯湖版。

2　上述《火把在自己手中》6~7 页。上述《经营没有终点》22~23 页。

3　上述《经营没有尽头》23~24 页。

4　同上书，24 页。

5　同上。

6　同上。

7　同上书，73 页。

8　同上书，74 页。

9　同上书，74~76 页。

10　本田技研工业股份公司 [1999]，《想要继续讲述的事情——挑战的 50 年》（该公司）36 页，以下简称为《想要继续讲述的事情》。中部博 [2012]，《校订本本田宗一郎传》（三树书房）208~212 页，以下简称为《本田宗一郎传》。

11　大河滋 [1998]，《创建本田的另一个创业者——继承藤泽武夫的教导》（经营社）57~59 页。引用中藤沢被改为藤泽。以下简称为《创建本团的另一个创业者》。

12　上述《火把在自己手中》164~165 页。

13　上述《创建本田的另一个创业者》56 页。

14　上述《火把在自己手中》71 页。

15　上述《想要继续讲述的事情》50 页。上述《火把在自己手中》73 页。

16　上述《本田宗一郎传》264~265 页。

17　上述《火把在自己手中》71 页。

18　同上书，156~157 页。

19 上述《经营没有尽头》156~157 页。上述《想要继续讲述的事情》25~26 页。
20 上述《本田宗一郎传》327 页。上述《想要继续讲述的事情》52 页。
21 上述《本田宗一郎传》374 页。
22 同上书，374~375 页。
23 同上书，398~399 页。上述《经营没有尽头》204~206 页。上述《想要继续讲述的事情》151 页。
24 西田通弘 [1996]，《从本田宗一郎和藤泽武夫身上学到——"主角"和"助理角色"的研究》（PHP 文库）181 页。
25 平泉澄 [1936]，《万物流转》。本书选取自上述《火把在自己手中》135 页。
26 上述《火把在自己手中》134~135 页。
27 同上书，203~204 页。
28 同上书，95~100 页。
29 上述《经营没有尽头》127~130 页。
30 上述《火把在自己手中》100 页。
31 上述《创建本田的另一个创业者》201 页。
32 上述《经营没有尽头》130~131 页。
33 同上 132 页。
34 小林三郎 [2012]，《本田创新的精髓——独创性产品是这样制造的》（日经 BP 公司）298 页。
35 上述《创建本田的另一个创业者》218 页。
36 上述《为梦想注入力量》66~67 页。
37 上述《经营没有尽头》100 页。
38 上述《做自己想做的事》232 页。
39 上述《从本田宗一郎和藤泽武夫身上学到——"主角"和"助理角色"

的研究》66 页。
40 同上书，64 页。
41 上述《火把在自己手中》31 页。
42 深津贤辅氏接受采访。
43 本田宗一郎 [2000]，《大显身手》（三笠书房）123 页。
44 上述《经营没有尽头》228 页。
45 上述《创建本田的另一个创业者》48~49 页。
46 山口一郎 [2012]，《开始现象学 [修订版]——返回到现实》（日本评论社）。
47 米卡·在恩著，关美和译 [2016]，《红组思考——在组织中培养"最后的反对人士"》（文艺春秋）8~11 页。
48 上述《想要继续讲述的事情》153 页。上述《火把在自己手中》223~224 页。上述《经营没有尽头》226~227 页。
49 《本田公司报》藤泽最高顾问追悼号，1989 年 4 月 7 日发行。
50 上述《创建本田的另一个创业者》53~54 页。

Ⅳ.纽带——本田宗一郎的核心

1.用身体思考的知识型原始人
没事就要活动一下的"好动的人"

在本书的开头我便讲过宗一郎是"用身体感知的人",换句话说,他是经常活动身体,包括感官都在活动的"好动的人"。

1954年(昭和二十九年)6月,在发表马恩岛"T·T比赛"的参赛宣言之后,宗一郎去欧洲(包括马恩岛)考察,这是考察完回国后发生的故事。宗一郎见到了来羽田机场迎接他的藤泽,从口袋里拿出一个小物件给他。这是宗一郎在参观欧洲先进的摩托车工厂时,从工厂地板上捡到的东西,是一颗顶端刻有"+"号的十字螺丝。[1]

当时的日本只有一种刻有"-"号的螺丝,这种螺丝需要配备螺丝刀,不然只能用手一根一根地去拧。但是,如果有了十字螺丝,就可以利用空气压缩,用器械拧紧,生产效率就可以实现飞跃性的提高。后来,这种十字螺丝不仅被本田引入使用,连日本的所有工厂都引入了它。本田毫不吝啬地将十字螺丝的制造方法传授给各个厂商。

宗一郎在参观工厂的过程中，看到掉在地板上的螺丝，好奇"这是什么"，并将其捡起，后发现其所含价值，可见他真的拥有一双慧眼。对他来说，参观并不是"只用眼睛学习"，还需要"用身体去学习"的过程。

宗一郎讨厌穿西装打领带这种死板的着装，他喜欢花哨的敞领格子衬衫，到了夏天，他就会穿着夏威夷衫（译者注：从夏威夷流行起来的带有美丽印花的短袖衬衫。穿时一般将衬衫的下摆放在裤子外面）去上班。在某个时期之前，他甚至都没有穿西装的习惯。1952年获得蓝绶奖章时，宗一郎想要穿着工装裤去参加在皇宫举行的颁奖典礼，这让周围的人都很头疼，因为到目前为止，还没有不穿礼服去参加颁奖典礼的人。对此，他回答道："为什么不行？技术人员的正装就是工装裤啊。"最后，宗一郎还是勉强答应了穿礼服去领奖，周围的人才松了口气。

有一天夜晚，宗一郎在家中的卧室思考新设计的相关事宜，不知从何处传来了拉面摊子吹唢呐（译者注：日本拉面摊招揽顾客时使用的乐器）的声音。唢呐声一直回荡在耳边，使他无法集中精力去思考。拉面店在做生意，如果因为觉得吵便不让人家揽客，这就有些过分了。最后，宗一郎让妻子把拉面摊所有拉面全部买了下来。[2] 不过在我看来，宗一郎不能集中精力思考并非是唢呐影响的，他本就是一个好动的人，却要在卧室这种安静的地方思考，肯定是无法集中精力的。

正是如此，从公司一线退下来以后的生活，用一句"无聊"便足以概括。类似看看书思索一番的日子，对宗一郎来说实难从命。于是，他便在银座开了一家事务所，担任很多公职，为个人事业努力工作。他还说过这样的话：

我以前便是这种体质。不活动一下身体，人就无法平静下来，所以就算是没事也要动一动。[3]

连直觉、要领都很出色的超级工匠

宗一郎还是一位超级出色的工匠。

他直觉敏锐，精通所有的要领。其实，在前面就已经介绍过，宗一郎看图纸的速度快得惊人，他能一眼看出大学毕业的工程师所画的线中出现的问题。他的知识也很丰富，从焊接到铸造，不管什么操作都是大师级的，在前面也引用过第二任社长河岛对他的评价。

直觉和要领都属于隐性知识。"这样判断的依据是什么""这么做为什么能顺利进行"等，这些都很难用语言表达出来。

在体育运动学领域，把现象学作为切入点研究直觉和要领的东京女子体育大学的金子一秀教授透露,直觉是指"把含有判断'情况怎么样了'的信息(意义)进行投射化作用"。而要领是指"把拥有'自己该如何行动'(价值)进行自我中心化作用"。而且,在具体的行动中,直觉和要领处于统一状态。[4]

想想我们过人行横道时的情景:一边看着从远开过来的车,一边确信"自己还能过去",便决定过马路。这时,预感开过来的车应该到不了人行横道的直觉,与在车还没开过来期间,确信自己可以过完马路,所以就小跑过马路的要领,两者是一体的。

用之前的例子来说明,宗一郎之所以指出图纸不行,是因为他"预感"到如果按照这种图纸设计,制作出来的实物一定会出故障。因此,为了避免这种情况,宗一郎便一边说着"这样做就行了",一边用铅笔在干净整洁的图纸上画上粗乱的线。这其实就是他的要领。

宗一郎之所以"从焊接到铸造都是大师级别",是因为他能在头脑中描绘出"应该这么做"的理想设计(直觉),并领会到若想实现这个理想设计,只需"这么动手做就行"的要领。直觉和要领确实是一体的,如果没有敏锐的直觉,也就不会有高明的要领。如果没有确信能把"这个直觉实现"的要领,也就无法完全释放出直觉。

有一个词叫作"动感",它是现象学的创始人——胡塞尔创造出来的词,在德语中的发音是"基内史泰泽"(kinästhese),它指的是那种我们在采取某些行动时,身体内外所感受到的感觉。

这与生理学或心理学意义上的"运动感觉"不同。它并没有像神经活动那样成为科学认识的对象,因为它是一种表现人类运动和感知原理的概念。

直觉和要领都与这个"动感"密切相关。宗一郎这样的直觉和要领都很出众的人,其动感能力也会相当出众。

全心全意地认真对待

无论是工作还是游戏,甚至是待人接物,宗一郎都很认真,他都会全心全意地对待。正因为如此,若是对下属有不满意的地方,他总是手比嘴快。

笔者曾参观过位于新宿西落合的旧本田府邸(藤泽武夫借用这个地名,把宗一郎叫作"西落合"。而藤泽住在六本木,所以宗一郎称呼藤泽"六本木")。

宗一郎的府邸里挂了很多照片,其中有一张他跟孩子们在一起露出很高兴的表情的照片给我留下了深刻的印象。宗一郎晚年来听我演讲时的身影重新在我脑海中浮现。和照片里一样,他的微笑、点头、认真记笔记的模样仿佛历历在目，这或许是因为他是我听众中听得最认真的一位。与年龄和性别无关，宗一郎非常喜欢跟人打交道，他会真诚地对待所有人。

他的府邸占地1000平方米，请了美国的建筑师来设计。为了让室内更加明亮，特意设计和安装了很多巨大的玻璃窗。客厅很大，为了方便招待客人，设计了两个厕所。在这样的细节方面，也能感受到宗一郎的睿智。

庭院里种了很多杂树，看起来就像一片自然林，中间还流淌着一条宽5米、长50米的人工河。宗一郎在河里配备了滤水器和供氧器，饲养了大量的鲷鱼，据说这是为了博得客人的欢心。他的故乡——天龙川盛产鲷鱼，每年7月，他都会叫一些亲近的人来，开设晚宴，请他们品尝美味的鲷鱼。宗一郎在悠闲垂钓的客人中间来回招呼着，像个大活宝一样，到处问："钓到了吗？没钓到的人没有鱼吃哦！因为鲷鱼宴是自助的。"[5]

直接从玄关去洗澡的"昭和的丈夫"

宗一郎很喜欢逗别人开心，对谁都很认真。若说他在家里是怎样的人，可以说是典型的"昭和丈夫"。他的妻子总是默默支持着他，这位贤内助功不可没。夫妻俩育有两男两女，四个孩子。

急性子的宗一郎，回到家一进玄关，就立即脱掉大衣，然后在走廊上边走边脱，走到浴室前就已经全脱光了。他洗澡就像乌鸦蘸水一样，冲一下身子就立马起身出来了。[6]

宗一郎性子急，无论干什么都匆匆忙忙的，人还特别健忘，甚至把自己家在哪儿都忘了，那是发生在刚买下位于下落合前面的新房子时的事。搬家那天，宗一郎在去公司上班前专门提到"今天我回新家"。然而，半夜想要回新家的宗一郎却找不到自己的家了，原因是白天和夜晚，街道的景象发生了很大的变化。明明是自己挑选的新家，却记不住回去的路。即使是问路，也想不起来具体的地址。在他走投无路想要去酒店住一晚时，突然想起新家的大门柱子没有焊接好，便借着月光，看看一家家大门柱子往前找，终于找到了他印象中焊接不好的柱子。于是，战战兢兢地按响门铃，"不好意思，请问这是本田先生的家吗？"最后，还是夫人出来开的门。[7]

宗一郎自己也承认自己很爱玩，所以他应该遇到了很多有趣的事情。前面提到的 1952 年，54 岁的宗一郎在获得蓝绶奖章时，面对高松宫的慰问——"发明一定是件很辛苦的事吧？"他回答道："我是出于喜欢才做的，所以一点都不觉得辛苦。就像世人常说的'有情千里来相会'，虽然这在别人看来很痛苦，但我本人很享受。"宗一郎的这一回答还有后续。宗一郎回家后把这件事讲给妻子听,不料却被妻子怀疑他是不是有外遇,弄得宗一郎不知该如何辩解。[8]

宗一郎特别喜欢逗别人开心,无论什么事都以十二分的服务精神去应对。这大概是因为他有着异于常人的精力吧。他无须操心家事,以一贯的天真烂漫的举动,来保持家与工作的平衡。

蠢到被自己的影子愚弄

1936年,现象学的创始人胡塞尔发表了一篇论文,题为《欧洲诸学问的危机与超越论的现象学》,文中并没有否认引导个别学问及整个欧洲走向繁盛的科学文明全体。他之所以选择用"危机"这种程度很深的词语来说明问题,是想强调大量使用数学分析主义的弊端。

自伽利略以来,近代欧洲盛行崇尚科学合理性的思维,以心理学为首,使用数学来解释说明森罗万象的风潮显著高涨,结果导致我们探讨的生命的意义逐渐稀薄化。胡塞尔感叹原来探索人类生存"意义"的学问,逐渐演变成了解释"事实"的客观世界的学问。

本来,应该以我们充满情感的日常世界(胡塞尔将其命名为"生活世界")为研究起源的多个学科,都忘记了各自的"出身",到处都用最初独立的数字来表现客观世界的幻想因素,人们的思想都被它所束缚。

我在读这篇文章时想到，现在的主流的经营学和经营手法好像都中了同样的毒。

例如 ROE（股东资本利润率）经营。用当期净利润除以自身资本的值得到的数值，在股东看来，就是"投资收益率"。如果从"股份公司的所有者是股东"这个角度看，这个数值越高越好。因此，与欧美相比，数值低的日本企业应积极将其提高，金融厅也应积极办好发起人的角色。

提高这个数值有两种方法。首先就是提高每一股的净利润，这可以说是公司经营的王道。那么，相对地自然有邪道，那便是将自身资本的值降低，ROE 值就会上升。也就是说，通过购买本公司股票或解雇员工，出售设备，削减研究开发费用或广告宣传费用等，同样可以提升 ROE 值。

但是，这么做会产生巨大的弊端：购买本公司股票不会产生任何价值，而解雇员工的决定也会伴随着痛苦，因为它夺去了工人的幸福；出售设备或削减研究开发费用，会削弱公司提供社会需求的产品和服务的能力，还有着使以实现中长期发展为目标的健全经营夭折的风险。

这么一想，称赞 ROE 经营的这种行为，不就是"本该以我们充满情感的日常世界——职场为起源的《经营学》，忘记了自己的出身,到处用最初独立的数字来表现客观世界的幻想因素,人们的思想都被它所束缚"了吗?宗一郎痛斥:"ROE值什么的,只是经营的影子吧?如果本体被影子牵着鼻子走,一切就都完了。"

没有任何一位大企业的经营者会像宗一郎那样重视"充满情感的日常世界"了,毕竟他的手上布满伤口。也没有任何一位领导会像他一样毫不留情地批评和激励下属。将管理经营数字的工作交给搭档藤泽之后,他经常会思考:"为了什么工作""企业存在的意义""为了什么而活"这些关系到"意义"的问题,并一直朝着实现这些"意义"的目标前进。就像他在藤泽的悼词中说的那样,他的人生是"尽情燃烧到最后"的一生。

宗一郎主张用身体而不是头脑去思考,比起分析,他更注重实践;比起事实,他更注重意义。一旦开始着手做什么事情,他就会拼了命地去做,在取得成功之前绝不放弃。真希望日本能出现更多继承宗一郎衣钵、像他那样的"知识型原始人"(野蛮人)领导啊!

2. 发挥潜在能力,提高经营水平
专心工作获得的成长喜悦

在第二部的结尾,我想再次回顾一下在第一部分中介绍过的"我们公司存在的意义和企业经营的基本方针"[9]。

首先是本田"存在的意义",即"旨在通过生产制造摩托车及发动机来服务社会的目的。这就需要让生产者和购买者两方都满意,但更重要的是要让购买和使用公司产品的顾客高兴。'制作满意,销售满意,购买满意',实现这三种'满意'正是我们公司存在的意义,也是我们的宗旨"。这可以说是本田的宪法。

同样地,相当于本田法律的"运营基本方针"是以下6项内容:

一、一切为了集体。

二、拓宽全球视野。

三、站在尊重理论的基础上。

四、在发展规律中稳定生产。

五、工作和生产活动优先。

六、总是站在正义的一方。

对于本田,更准确地说是对于本田宗一郎个人而言,工作这件事不是辛苦的,而是喜悦的,职场是锻炼人的场所,每一个员工都应一心一意地投身工作,这不仅能促进个人的发展,还能促进组织、企业以及社会的发展,宗一郎早就认识到了这一点。而这一点是非常重要的,也具有代表性的意义。

资本主义的精神和潜在能力

社会学家马克斯·韦伯（Max Weber）在《新教伦理与资本主义精神》一书中讲道，抱着"职业是上帝赋予我们的使命"（职责）的想法，全身心地投入工作，这一从新教催生出来的"勤劳的特性"成为创造资本主义的基础。以"时间就是金钱"而闻名的美国政治家、科学家、事业家本杰明·富兰克林（Benjammin Franklin）被韦伯奉为典范。

富兰克林在25岁那年为自己制定了必须遵守的"13条修身法则"，即节制、缄默、守序、决心、节俭、勤勉、真诚、正义、中庸、整洁、平静、贞洁、谦逊。[10] 先不说节俭、缄默、贞洁这三条，其他10条都是宗一郎毕生重视的美德。其实，日本企业中出色的经营者们也都是这样追求的。即使不借助新教的任何力量，日本企业的经营者也都具有勤劳的特性，他们也为员工们提供了能发挥这种特性的场所。

诺贝尔经济学奖获得者阿马蒂亚·森（Amartya Sen）曾提出能力（潜在能力）的概念。他认为，在解决贫困问题方面应进行的开发（发展）不是增加收入或财富，而是应该增加人们能享受的自由。能力是指一个人所具备的、能够发现和选择价值的"功能"的集合，具体来说，就是表现那个人"能做什么"的可能性。

宗一郎在本田公司的目标正是让员工们的能力变现,并进一步提高他们的能力。就像日本企业在某一时期所标榜的能力主义那样,这正是日本经营的核心。

能力强的人才自然会成为领导。社会需培育出像宗一郎那样的、具备前面6个必要条件的能力主义型领导人。日本的经营本来就是一个能让这种领导人人才辈出的体系。

在日本,就像宗一郎痛斥的那样,企业并不是给股东下金蛋的"鹅",而是为了提高和激发员工潜在能力的场所,不仅只是追求利益,更是为创造更美好的社会做贡献的"社会公共机关"。

研发飞机与实现不了的梦想

2015年(平成二十七年)4月23日下午两点多,一架小型喷气式飞机降落在羽田机场。这是本田公司研发制造的飞机,除了机头上部是红色的,其他部位都是白色的。

从1986年(昭和六十一年)开始,本田以美国为据点进行飞机的研发,共花费了29年的时间才完成这个目标。因为是这架本田飞机在日本土地上的首次现身,所以机场前厅聚集了300名相关报道人员,场面相当震撼。

这架本田飞机的"生父"是本田航空公司的社长藤野道格。

藤野出生于1960年(昭和三十五年),在1984年(昭和五十九年)从东京大学工学部航空系毕业后,便进入本田技术研究所工作,在入职后的第3年开始参与到飞机研发工作当中。

在藤野出生两年后的1962年(昭和三十七年)6月,宗一郎在公司内部报纸上公布了要研发本田飞机的计划。

我们公司终于也要研发轻型飞机了。我们的飞机谁都可以开,操作简单,而且价格还要很便宜。[11]

日本人把这视为本田进军飞机行业的宣言,宗一郎自己也在两年后创办了以普及和发展民间航空服务为目标的本田航空(当时还是本田飞机场)集团。

但是,过了半个多世纪的岁月之后,别说是宗一郎在任期间了,就是在他生前也没能实现研发出飞机的梦想,谁都不曾想过最终被比他小54岁的藤野实现了。

藤野自己是这么说的:"本田的喷气式飞机之所以能走到今天这一步,能实现商业化,是因为创业者本田宗一郎的梦想已经成为公司的一股暗流。"[12]

藤野只见过宗一郎一次。

1989年,有一次82岁的宗一郎来视察本田技术研究所,两年后他便去世了。

藤野一进厕所,便看到一位身穿艳丽的夏威夷衫的老人在小便,那位老人便是宗一郎。两人只是匆匆地对视了一眼,藤野就被一股冲动驱使,想跟宗一郎介绍自己说,"我来这里是为了研发飞机的",但他努力克制住了冲动。因为他的上司跟他讲过"研发飞机的事情绝对不可以外传。若是宗一郎知道了这个机密的话,他是公司外部人员,也许马上就会外传这个消息。而且,这原本就是他一直渴望做的事情,所以他极有可能撤回引退的决定,重新回到研究所,那样的话,场面只会变得非常混乱"。于是,这对年龄相差54岁的师徒一句话都没说便擦肩而过了。

藤野最近经常会想起这个画面。

我曾想过,如果当时我稍微鼓起勇气跟本田先生说上一句话,他会回答我什么呢?"哦,是这样的啊?这也是我最想做的事情,所以你要好好努力,一定要将它实现啊",也许他会这么回答我吧。[13]

也有可能正如我的领导所说的,他有可能会两眼发光,热情地说要跟我一起做研发。但不管是哪样,如果有新的梦想转化成动力,也许他能延寿好几年吧。

注释:

1 藤泽武夫 [1998],《经营没有尽头》(文春文库) 47 页。
2 本田宗一郎 [2001],《本田宗一郎为梦想注入力量——我的履历表》(日经商业人文库) 74~76 页,以下简称为《为梦想注入力量》。
3 中部博 [2012],《校定本本田宗一郎传》(三树书房) 411 页。
4 金子一秀 [2015],《体育运动学入门》(明和出版) 124 页。
5 《附刊宝岛本田宗一郎的生活方式》(宝岛社) 2015 年发行 84 页。
6 城山三郎 [2010],《(新装版)与本田宗一郎在一起的 100 个小时》(PHP 出版发行、PHP 研究所发售) 144 页。
7 同上 141~142 页。
8 上述《为梦想注入力量》76 页。
9 本田技研工业股份公司 [1955],《公司史(7 年史)》(该公司) 81~90 页。
10 富兰克林著,渡边利雄译,《富兰克林自传》(中公克星克斯) 191~193 页。
11 前间孝则 [2015],《本田飞机——开发领导人讲述 30 年间全历程》(新潮社) 44 页。
12 同上书, 50 页。
13 同上书, 302 页。

第三部 人物写照

超凡魅力的真实写照
为什么被吸引了,为什么生气了

I. 本田技研工业采访——DNA 的再发现

开始——野中郁次郎

这连续的几次采访是应本田技研工业股份会社（以下简称为本田）的要求，在 2005 年（平成十七年）3 月到 11 月期间进行的。每次采访的时间大约 3 小时，最终出席的人员名单会在文末附上，主要由我（野中）当听众，并进行提问。下面只从该采访中筛选出与本田宗一郎（及藤泽武夫）相关的部分。

采访的主题是重新思考本田这个公司。换句话说，也就是重新认识本田的同一性，或者 DNA 的再发现、再重建。当时，策划这次采访的小林三郎先生（1971 年进入公司，长时间专注于研究，采访之时还在职）讲道：

创业 50 年后，我感觉本田丢掉了它本来的样子，与创业者相关的人员渐渐都引退了，今后，需再度发掘本田最初的样子的危机感会不断加强。像挑战精神，尊重人类之类的话都是什么意思呢？通过了解和学习与创业者相关的一代人的感悟和经验,不仅能收获信息和知识,还能体会到书籍中没有写到的本田真正的优秀和强大,以及它的内核。这次采访的目的就是想把这些隐性知识转变成显性知识传递给下一代。

这是小林先生的想法。

本田宗一郎于1991年(平成三年)逝世,2005年也就是在他逝世14年之后。距离这位伟大的创始人去世已经过了一定的时间,公司在同一性方面难免会产生动摇,公司方面也想要避免这种情况的发生。同时,借着这次采访机会,我们可以从直接受到宗一郎熏陶的人那里学到一些东西(在现在来说,这已经变得相当困难了,因为这个采访的受访者中已经有多位过世了)。

一次采访大约历时3小时,时间较长,主题也如上述那样,话题围绕本田公司整体,有很多不同的观点,而这些观点中直接涉及本田宗一郎的部分并不是很多。尽管如此,那些无论如何都会把宗一郎作为材料列举出来的部分,一定都会出现宗一郎的名字。然后,基于从根本上去考虑本田公司,本田绝不可能从本田宗一郎和藤泽武夫的DNA中偏离。

最后一位采访对象是川本信彦先生,他在本田宗一郎去世后不久,从某种意义上看是难以掌舵的时期出任了社长,是继宗一郎、河岛喜好、久米是志之后的第4任社长,也是困难时期的社长。虽然他直接受到过本田宗一郎的熏陶，但在当时，本田的员工中直接与宗一郎和藤泽有过接触的人并不多。

如何让公司员工感受到本田宗一郎的魅力和本质呢？该采访作为回答这个问题的记录和证词，被收录在本书中。

此外，因为关系到采访的连贯性，所以在下文中还会再次提及第一部、第二部中介绍过的言论，敬请大家谅解。

1. 中村健治

采访时间 2005 年 3 月 16 日

（1968 年进入公司，长时间专注于研究。采访之时担任 OB 一职。）

◎在刚进公司的时候，我对河岛喜好先生说过："我想做空气冷却柴油·拖拉机。"所以一进公司就去了研究所工作。这是有关齿轮设计的一件事。刚进公司半年的我，被任命全权负责变速器的设计。在工作中会有很多不懂的事情（笑），如果自己不主动去学习的话，工作是不会有进展的，这就是公司。该说这是本田厉害的地方，还是说它马虎随意呢？（笑）我在进入本田时首先学到的便是"请告诉我"这种态度。那些高中毕业后就进入公司的人虽比我年轻，但画的图纸却比我好很多。所以，我必须以"请告诉我"的态度去学习。

这样过了半年，关于我设计的齿轮，本田宗一郎先生怒喊："把设计这个齿轮的家伙给我叫过来！"不管怎么说，刚进公司半年的我突然要见宗一郎先生，便心虚地跟着组长级的前辈去了，由前辈跟本田先生沟通，前辈就被他责骂了。因为是我设计的图纸，所以我感到十分抱歉，在前辈后面一直听着。本田先生说的确实都很有道理。虽然有些生气，但他说的每句话都是正确的。从这件事中我得到了教训，在今后的设计中，若是被问到"为什么这里是逗号5而不是3呢"，如果想回答"（我是）这么想了之后用了逗号5"，就必须要把"这么想"这部分想法有理有据地分析出来。本田先生生气的样子很恐怖，但他讲的话都很有道理。我在刚进入公司半年之际就已经有这样的体验了。

◎进入公司时，本田先生还是研究所的社长，经常到这边来。若说我从本田先生那里听到什么话，也都是些"客人在为难吗"之类的。"客人在为难吗"，我觉得从这些地方就可以看出本田先生不是等闲之辈，可以感受到他的伟大。本田先生从来不讲赚钱的话，但他会讲"客人在为难吗""现场的人在为难吗""这种设计,让现场的人怎么做！这样的组装要来干什么"这类的话。他确实是会讲这些话的人。

野中：关于本田公司竞争的强项和弱点，您是怎么看的？

◎若说本田真正的优势是什么，还要回到本田宗一郎先生和藤泽武夫先生身上。也就是说，是这两人的"哲学"，还有以这个哲学为背景的行动能力。感觉本田这个公司像过山车，这座过山车的最初高度，不正是由创业者的哲学和行动能力来决定的吗？

虽然在发生了某些事情时，不能明白本田先生和藤泽先生为什么这么做，但他们都非常有哲学思想。而且两人都有默契，所以可以完成一个人无法做到的事，这是两个人的增效作用。本田先生不用操心钱的事情，所以能最大限度地发挥自己的才华。为了能让宗一郎这位"著名演员"顺利表演，藤泽先生拼命地为其创造条件，这是卓越的演员和卓越的舞台导演的最佳组合。俗话说一山难容二虎，他俩之所以能做到是因为他们可以将基本的哲学思想共有化，再从"两人组合"中产生新哲学或是价值标准、供不应求的商品，这些体验、这些东西的整体正是本田优势的原点。

2. 高桥裕二

采访时间 2005 年 3 月 16 日

（1971年进入公司,长时间专注于研究。采访之时还在职。）

◎毕业后第一个进入的公司是金融公司,初次任职时的工资还不错,但由于个性使然,4个月后就辞职了,后来进入了本田。当时的就业情况是,一般都要提前签订雇用合同,但到我第二次就业时,情况就和之前不同了,这个世界迅速地关闭了雇用的阀门。因此,我开始虽是为暂时应付生活进入本田,但从结果来看很棒,因为在本田工作很开心。这种欢乐遍布公司的任何一个角落。

我能感觉到当时的本田公司非常有活力,成长很快,一路猛进。即使遇到挫折也能通过员工的力量迅速跨越阻碍。我参与到很多与公司和组织改革相关的工作中,并且全身心地投入,现在也是如此。

◎在铃木制作所迎接巴西总统的时候,工厂大门外200米左右的范围内被铺满了鲜花。本田宗一郎见此情景,只是笑着说:"你们别浪费这么多花,把精力放在工作上。"就没有下文了。因为他是对成本很敏感的人,当然会明白这其中的开销有多大。他并没有直接斥责员工,而是训斥了负责这项安排的干部,他在员工面前总是面带微笑。

他在员工入社仪式或典礼上致辞后,台下必然掌声雷动,因为他的话总是能让人情不自禁地沉浸其中。他讲话脱稿,全程都自己组织语言现场讲话,所以和那些看着稿子讲话的社长相比，他的讲话有一种扣人心弦的力量。

◎本田宗一郎认为"只要制造出好的东西，利润自然会来。"首先是有了这样的想法，接着该制定怎样的制度将其具体化，这就是本田原本的样子。

◎宗一郎先生的管理，是尊敬每个人，尤其优待那些具备他本人所欠缺的才能的人才，也就是尊敬知道自己不知道的东西的人。所以，我认为正是这样造就了现在的本田。

◎本田从不表扬任何人。工作就是工作，理应严肃对待。即使这样，在公司里被本田训斥是一件很光荣的事。因为有了这样的风气，公司变得越来越好。

◎经常有人说本田有两家公司：本田技研工业和藤泽商会。本田技研工业负责生产和研发，藤泽商会负责经营和管理。虽然两家公司的业务有很大的不同，但总是有很多互通的地方。意识到了这一点，这难道不是本田的妙处，本田的优势吗？

◎本田的经营理念很简单，就是"让客人满意"。

3. 井上晴雄

采访时间 2005年3月22日

(1970年进公司，长时间专注于研究。采访之时还在职。)

◎本田将有关制造和销售方面的研究与开发两个部门交给

了别的公司打理，我现在在那边负责宣传工作。

◎我差一点就成了下一个辈分的人了，幸好前辈渡边洋男是受本田宗一郎熏陶的一代。我们在喝酒闲谈的时候，我还能听到很多关于本田的事。现在的年轻人工作不用心，有一个负责组装的年轻员工曾说："头儿，把那个拿来，保险杠。"本田一定是手里拿着保险杠回答道："知道了，知道了。"

◎在本田宗一郎先生的背后受教育的这一代人们想法如下：急躁、专注、痴迷、不服输等本田先生的这一系列的特性，正是本田企业的DNA。如果这些DNA残缺了，本田企业也便不存在了。本田之所以能成为本田，正是因为本田DNA的存在，这一代人的细心认真，客人常常对之报以感激之情。若不是这样，本田就不是本田了。

◎前辈工作的样子都被晚辈尽收眼底。也就是说，这是一个开放的企业。定期会议也会选在大家都熟悉的地方进行，绝不会被召集到特别密室等类似的地方开会。见面会也会在食堂进行。像那些公司里头的高级会议室也不是隐蔽的。没有秘密的事情就在公开场所去做，这样的精神应该共勉。总之，比起逻辑性，场面话、热情和想法，都能在这样一种开放的氛围中发生，总能让人更加舒心，并专注地投入工作。这正是本田企业与其他企业相比最大的不同之处，不加修饰的风气，这些也最能让人感受到本田是具有自己 DNA 的企业。

听说野中的"多人交谈"要从三天延长到一个星期，要全力深入交谈，如果是这样的话会引发什么冲突呢？

◎宗一郎会用一些非常通俗的语言来表达，比如，是不是本质，或者是否合乎原理、原则。我们虽然是被包在理性的外壳中去交流的，但是其中也是有本性的认识。通常来说，在看似本性的事物出现之前是不会有什么冲突产生的。两天或三天这样的长时间的讨论，时间越长，理性的外壳越容易被打破。"多人交谈"的实质不正是要打破理性的外壳吗？在最开始，我们都在说"我们科啊""本田企业啊"，大家都将自己的部门挂在嘴边，总以自己的部门为主，所以这层外壳不能马上被打破，而到了最后，开口也都变成了"我啊"，讨论起来变得滔滔不绝，讲述自身的本质如何，都说出了大家的实在话、真心话。

4. 松田充史

采访时间 2005 年 3 月 29 日

（1963 年进入公司，长时间任职会计相关职位，采访时担任董事 OB 一职。）

◎我在 1963 年进入公司，当时被分配到总公司的财会部会计科。印象最深的是 1977 年本田在纽约上市，我当时担任的是科长。记得当时的本田是在纽约上市的第二家日本企业，之后的本田政策要求所有的信息都要公开，我想正是因为这样，本田的发展开创了一个巨大的新时代。

◎虽说我在工作方面受到了藤泽武夫先生极大的熏陶，但实际上，我大概在1978年之后才进入营业部门，那个时候的藤泽先生就快要退休了，可以说那些直接受到他熏陶的人要比我年长10岁。尽管如此，"火把在自己手中"这句名言，一直是我工作上的指导方针。

野中：从文科出身的人的角度，您如何看待本田的DNA？

◎我觉得本田这家公司是非常具有挑战精神的公司。正如刚才所说的"火把在自己手中"那样，我们自己去做事。本田只从事二轮、四轮、万能机械这三类支柱性产业。在泡沫经济最严重的时期，即20世纪80年代后半期，我负责管理，当时从很多方面而言，我们需要"技巧性地理财"，但本田完全没有这么做，就连经营一个高尔夫球场也没有这么做。也就是说，在自己擅长的领域更多地发挥挑战精神，创造新的产品，不断开拓新的市场。但是，在财务技巧一类我不能把握的东西方面，含蓄地说，我有些胆怯。

野中：本田有独特的财务管理方法吗？

◎本田宗一郎先生是一个非常狂野又富有挑战精神,并且一直奋力向前的人,所以像宗一郎的"贤内助"一样的藤泽武夫意识到一定要好好地把控业务和财务,同时非常慎重地处理风险。本田还是小公司的时候姑且不论,在我们这个时代也还没有出现过什么奇怪的风险。大家始终坚持做好自己的本职工作,在自己的岗位上尽心尽力地工作。比如在扩大研究所、完善工厂设备方面等。但是,因为我们遇到的风险是本职工作中本来就存在的,可以预计,我们对风险没有那么强烈的感觉。只要是在自己熟悉的领域从事经营,就不会有太大的风险。

◎本田的经营透明开放,而其具备这种先进性的特质得益于本田和藤泽先生的"纯洁"。企业不是自己的东西,也不是自己家庭的东西,它是员工的,是股东的,是客户的。因为他们二人有着这样开放的思想,所以包括在纽约的上市,本田的经营会不断地增添形式上不可或缺的条件。我认为创业者的纯洁是本田发展的关键。公司应该是公共机关,所以他二人留下了不让自己孩子进入自家公司的佳话。

5. 有泽彻

采访时间 2005 年 3 月 30 日

(1960 年进入公司,长期从事宣传领域。采访时担任

OB一职。)

◎我的宣传作品有很多：利用狂乱风格设计而获得好评的《城市》(1981)，以波莱罗舞曲为背景的前奏曲等，都是我参与的作品。

◎我只是一个曾与本田宗一郎先生和藤泽武夫先生说过很多话的无名小卒。我曾多次向他们做报告，与他们交谈。他们都是可怕的人，但两位也都是真正了解人心的人。我认为本田DNA最根本的根基就是了解人心、关心他人之心以及用心关怀，而他们两人在这方面都很厉害。

◎在宣传城市时，经营团队都忧心忡忡。据说藤泽先生对我的上司赞不绝口："城市的宣传是谁做的呀，做得非常好啊！"我飞奔回去跟大家说："（我们）被夸奖啦！"因为对于经营团队来说，受到六本木（藤泽武夫）的表扬是最开心的事了。我们都没想着可以出人头地，而是想着如何让公司实现进一步的飞跃。我们没有一个人想着要出人头地。

◎若说关于本田先生的记忆，在车展上作为干事的时候，我曾多次给他带路。在他刚要去餐厅吃饭时，记者就来了，所以我们只能在事务局里满是垃圾的地方，用胶合板搭一个桌子，让宗一郎先生坐在铺了纸箱的地上进餐，为其端上便当和速溶的味噌汤。宗一郎说："喂，你们每天都吃这么美味的食物吗？"

同座的人之后都说"好厉害啊,真帅啊!"他真的很会抓住人心。他拥有超凡的魅力,拥有可以抓住人心的超凡魅力。他在这方面真的很厉害。

◎宗一郎先生会唱《越过小山》,他很受欢迎,所以总是很多人围着他转。如果我对他们说"差不多该上班了",宗一郎先生就会指着我说:"喂,这家伙总是各种使唤我,我如果不听他就会生气。"让周围都立马安静下来。公司氛围真的很好。会让人不自觉地想"为这个人工作"。

◎即使写了讲稿,在致辞时他也不会照着念,如果离题也没关系,他会一直说下去。有很多关于他的奇闻逸事,都表现了他是一位超级有魅力的人。

6. 原茂男

采访时间 2005 年 4 月 15 日

(1969 年进入公司,长期专注于开发。采访时担任 OB 一职。)

◎本田宗一郎先生和藤泽武夫先生在我进入公司不久就引退了。与他们初次见面时,我分不清哪个才是社长。藤泽先生会给西装打上蝴蝶结领带,所以我觉得他应该是社长。这时候,从藤泽先生背后走来一位穿着红衬衫的怪异大叔。我跟周围的人打听哪位是社长,结果他们告诉我是"后面那位",这是我第一次见到宗一郎先生的情景。

◎在我刚进公司的时候,有过一次被本田宗一郎先生拧耳朵的经历。我收到了给一辆汽车安装汽车立体声装置的指示。于是在我拼命安装好以后,有一个人坐进了车里。我走进一看,发现是本田先生。"会响吗?"他问道,接着按了一下开关就响了。我觉得效果挺好的,但是宗一郎先生问我:"这个声音好听吗?"因为是被命令安装的,所以我就装了,估计我当时是一脸不知道宗一郎先生在讲什么的表情。接着他又说"你用自己耳朵听着觉得这声音好吗?"因为没有参考标准,所以我并不知道什么声音算是好的,什么声音是坏的。

我就被老爹(本田宗一郎)当场留下,这件事被转达给上司后,大约来了10名左右的上司。本田先生走向了我安装的车那里,好像在大叫"什么啊,这是"之类的话。然后,他从口袋里掏出挂满钥匙的钥匙圈,递给了我。我刚在想这是要干吗,他便对我说:"你去听听我的车。"在和光研究所大门旁边的停车场上,停着一辆轮子上有花纹的美国车。解锁之后坐进里面,当时还是磁带,放进去一听,发现车内装了很多扬声器,所以声音特别棒。而我安装的扬声器则显得过于简陋,所以差距很大,这才想明白宗一郎是在讲这个问题。

◎我在设计初代 Prelude 时，想设计成只要一按收音机的开关，天线就会自动探出车外，可以伸缩自如的类型。在给本田先生看了安装有该设备的车之后，他问道："这是什么？"有人回答这是天线。于是他就要求我"操作看看"。按了开关以后，在天线"嗖——"地一下伸出的瞬间，他"咔"的一声拔掉了天线，把它扔了出去。本田先生大发雷霆。

这是怎么回事呢？原来是天线安装在了人行道那一侧。"孩子在附近的时候，按了开关天线上升，如果刺伤了孩子的眼睛，让孩子受伤了怎么办？"因为被狠狠地说了一通，我就把天线转移到其他地方了。被说了之后我发现他说的很对，他就是这种既感性，思想还很哲学的人。

7. 渡边洋男

采访时间 2005 年 4 月 15 日

（1968 年进入公司，长时间专注于研发。采访时担任 OB 一职。）

◎我是昭和四十年（1965 年）毕业的，最初在东洋工业（现在的马自达）工作。当时的马自达是排名第三的制造商。两年后受到了本田推出的 N360 的冲击。也因为这个原因，我在昭和四十三年进入本田公司。

◎设计师一般都是公司里最了不起的一个群体。因为图纸就是命令书,所以设计师的地位都很高,可是在本田,最先被本田宗一郎先生责骂的便是设计师。因为设计是生产的源头,设计一旦出错,后续的工作也容易出错。设计的错误会导致之后几千人失去生产方向,不知所措。所以,宗一郎先生总是说"把设计的家伙叫过来",我想这一点本田和其他公司就完全不同。总之,设计这个源头如果没有错的话,下游也不会出错,就是这种感觉。

◎为什么当时可以那么热情高涨呢?这大概就是本田DNA该有的样子,像是被附体了一样。为什么能那么激情四射呢?热情满满的人都是些很厉害的人。

◎本田先生博学多才,但如果仔细反复思量,就能发现他好像在某些领域也并不是专家。但是,老爹说的话都很贴近结构本质,比如在汽车车顶有一个被称为"莫西干结构"的部分,这是本田先生提出来的。这在车体设计的专家看来是非常荒唐的一种手法,但是,这放到现在,对世界各地的厂商来说是理所当然的。虽然在专家看来是非常荒唐的事,但是"没办法,只能这么做"。我最初也看不上这一手法,其实这是正确的。之所以他能提出这样的构思,大概是因为在某种意义上来说他是外行的缘故。

◎本田先生会鼓励大家说各种各样的话题。外行提出建议的时候,专家不可以高高在上地制止他们。因为专家一定会留有一定的余地,而为了设计的万无一失,有余地会让人更放心。但如果不填满这个余地,就无法摆脱限制的框架,也就无法产生新的东西。

◎唉,像他那样的人,估计以后很难再有了吧。因为他与常人的想法不同,他需要5个部件时,一般人会觉得拿4个给他是错误的行为。但其实这比4个多出来的1个便是突破当时设计的关键所在。只有4个便行不通,可能只是因为那个时候的技术没有跟上,才行不通。所以,5个里所包含的4个并不是错的,其实这4个在将来有8成的可能性是正确的。也许这就是把握了本质以后做出的判断吧。

◎他绝不是以自我为中心的人。好多事情看起来都是他自己一个人在做决定,但实际上他经常听取别人的意见。由于他是会亲自到现场、亲自接触实物的人,所以光靠嘴上说说还不能使他信服。即使是物,如果不正经让他过目,并且正确地使用过,也会被骂"你这个家伙"!

8. 深津贤辅

采访时间 2005 年 6 月 21 日

（1963 年进入公司，长时间专注于营业。采访时担任董事 OB 一职。）

◎我一直到上中学之前都待在滨松，由于我父亲与本田宗一郎先生交往非常密切，所以我在孩童时就经常从父亲那里听说有关本田先生的事。我的父亲是本田先生的前辈，他是滨松市的企业家，所以本田先生经常会来我家跟父亲交谈。在当时还只是三轮车到处跑的时代，他就已经坐着鲜红的跑车来我家了，还穿着红色衬衫，所以我觉得他是一位奇怪的大叔。

在我还是小学生的时候，曾经从父亲那里听到过本田先生讲的一段话，让我印象深刻。在成立本田技研股份公司的初期，本田先生便说过这样的话：企业是公共机关，是公共的东西，并不是为了赚钱的组织，而是用于造福社会的一种手段，所以才有了企业这种组织。股东、员工、经营者，大家都希望能成为对社会有用的人，通过成功地经营，大家都可以获得幸福，社会也会和谐幸福。为了这个目的而形成的组织不就是股份公司吗？它是造福社会中最有效率的组织。这些话是本田先生在即将成立本田技研股份公司初期便讲过的。"本田先生是相当优秀的人"，父亲讲过的这句话深深印在了我的脑海中。

◎获得利润,或者是被周围的员工开心地道谢:"多亏了本田先生拼命地带领着大家进步,我们才可以留下特别美好的记忆。非常感谢!"若说这两个哪个更重要?我认为是后者。最终这些也会与利益挂钩,与企业的繁荣也息息相关,我感觉本田正是经历了这种成长过程。如果优先追求利益的话,整个企业就会很空虚。

◎包下京都的一个小镇来庆祝15周年。之前在整个公司内部征集庆祝方案,当时在滨松的我所在的第一机械科提出的方案在征集中当选。如果穿着统一的服装——奶油色的衬衫,就可以免费进入会场。主持人讲道:"本田先生和藤泽先生现在到达现场了。请看后面。"首先映入眼帘的是一辆涂黑的大型车,车内下来的就是本田先生和藤泽先生,大家都"哇啊"地激动起来。两人的人气真的很高,现场气氛非常热烈。

次日,庆典是在体育馆内举行的,所以当本田先生和藤泽先生入场时,体育馆观众席上的全体员工都"哇"地大叫起来。这就是我们的领袖啊!领袖提出了什么方案和计划,我们也会有强烈的使命感:"企业必须这样发展下去,我们想要实现的梦想也正是这些东西!"这种梦想是只要大家共同努力,就能实现。因为那些根本难以实现的梦,只是在说大话而已。我认为那些能感动大家,让大家鼓起干劲、奋力一搏的目标,才能称为梦想。

◎我觉得大家真正地用澄澈的心去挑战的东西才是梦想。这样的梦想，经营者能持续传递给员工多久，企业能持续传递给社会多久，关系到那家企业的发展程度。我感觉我所参与过的本田，就是充满这种DNA的公司。

◎在本田宗一郎先生描绘的梦想中，几乎都有给社会带去便利的影子。本田公司非常重视与社会同在，我认为这一点正是让本田发展到今天的原动力，也是本田DNA中最重要的一部分。

◎我认为本田宗一郎哲学中最有特色的一点是尊重他人。他觉得每个人都是平等的，都有自己各自擅长的领域，不能轻易对他人的智力做判断。而且，即使人拥有的能力只有100%，根据环境或给予的东西，它可能会被提升到120%、200%。人的能力能否被最大限度地发挥出来，主要在于那个人的热情有多少。进一步说，我觉得这股热情是一种类似执念的东西。实际上，本田公司也没有才子和天才，大家都是凡人。但是，如果大家都能努力把自己的优点发挥出120%、200%呢？如果是本田的员工，都会被要求这么做。

这份热情是由梦想培养出来的，我觉得本田先生始终如一地在用梦想培养自己的热情。如果从这个意义来说，本田的DNA可能就是实现梦想吧。

◎这也是我从父亲那里听来的。那个时候我在八重洲，如果要去理发店的话，一般都是去在白木屋某一层的一家理发店。正中间的位置一般都有人坐着，偶尔两边的位置上还会坐着本田先生和藤泽先生。两人并不是一起来的，只是碰巧遇到了。据说两人会以"哦，你也来了"开始对话，之后就会变得像在吵架一样。因为吵得太凶，坐在中间的人就会对两人说："我们换一下位置吧。"（笑）听起来两人就像是在进行相当激烈的讨论。他们二人真的很认真。对我来说，从来没见过有关系要好的朋友在一起经营公司的。

◎在工厂要进行零部件安装的时候，本田先生正好来了。他刚一进来，就听到后面的焊接科长被他骂了。因为是在离得很远的地方看的，所以我当时也不知道为什么科长会被责骂。之后，我在后面问了一下同事，才知道是因为社长一进入焊接工厂，就听到用铁锤敲击车身的声音了。因为精度不够，科长对其进行了矫正。一般来说，焊接工厂应该只有火花的声音。那么，这"咚咚、当当"的声音，只会在敲打精度不好的零部件，使之能装得进去的时候才发出来，后来据说是这么一回事。仅凭响起铁锤的声音，就能了解得那么清楚，本田先生的这种感知能力真的很不一般。

不只是东西，气味也一样。本田先生通过汽车尾气的气味就能判断出那个发动机有问题。据说声音也一样，停在十字路口前，他说了一句："旁边停着的这辆汽车，它的发动机要烧了。"我后来问了一位乘坐那辆车的人，果然不出所料，车子在冒烟后走了会儿就停下来了。

9. 川本信彦

采访时间 2005 年 11 月 1 日

（1963 年进入公司，1990—1998 年担任代表董事社长。采访时担任特别顾问。）

野中：您在 1990 年就任社长，1988 年藤泽武夫先生去世，1991 年本田宗一郎先生去世。从某种意义来说，这是一个非常关键的转折点。

川本：我认为这是成为融合普通公司特质的企业的入口，现在已经不是通过自由自在做想做的事便可以提高利润的时代了。在这个严峻的时代，我认为需要重新创造出能适应当下的基础体力，而此时正是一个很好的时机。其实，我很想按本田宗一郎一流的做法去做，不磨磨叽叽，直接讲："向前冲啊！"如果现在经济景气的话，我是想这么说的，但我在不适合自己发挥能力的时代成了社长。（笑）

野中：在这样的时代，怎样平衡本田的 DNA、梦想这种东西呢?

川本:起初我们也没有办法,不得不先舍弃一些东西,所以那个时候不怎么提起本田先生。相反,"先转向浪费较少的体质"的想法很强烈。但是,在我做社长的最后两年时间里,我又想到差不多该转向宗一郎先生的体制了。大致来讲,从1996年开始,一直持续恢复原来的基调。

野中:已经进入下半场了,想再次请问本田,道路这种东西也是有组织地共享吗?

川本:是啊,同时也传播了"本田哲学"。有趣的是,在发展中国家中一些刚刚取得发展的地方,人们的头脑非常灵活,能快速参透这种思想。人们的集中力也非常高,一在海外修建新工厂,我立刻能想到的例子就是能够向印度人传达日本发明的哲学。这就是传播。因为他们的脑海中没有先入为主的观点,他们都是开放的,所以新思想一旦进入就会渗透到各个角落,反而会成为习惯,其中还有关于日本成立之初非常艰难的记忆。总之,很难改变人们的共识。

野中:在本田,大家都非常重视现场,本田宗一郎先生在现场可以看见一般人看不到的东西,这是为什么呢?这与在现场专注于观察有什么不同?

川本:没有想要做什么的意图(intention)是不行的。对抱有想要怎么做意图的人来说，可以切实观察到现场技术中的真实部分。本田宗一郎先生是有意图的，他会想为什么、为什么这样做、下次这样试试看会怎么样、那样试试看又会怎么样、如果这么做了会怎样，他就是这样不断地向前推进的。还有，本田先生的极端之处在于如果有人对他说类似"这样做很顺利"的话，一般人都会讲一句"很好"便没事了，但他会告诉你"再往前做一点"。如果有人对本田先生讲"再做下去会失败"的话，他会讲"失败就失败吧"。大家本想着进展很顺利，所以没有必要冒险，但他会接着追求"再多往前做点吧"。如果尝试的不顺利的话，他才会说"原来还是做不到这种程度啊"。这就是本田宗一郎先生的工作理念，我认为这也是他能不断迸发出创造力的一个支点。也就是说，他会努力将事情做到极致，直到再也做不到为止。

野中：原来如此，仅仅是进展很顺利，他还不满足，想要更进一步。

川本：如果不行的话，有多"不行"？做到哪一步才不行的？之后他会扩展到极限为止。即使进展顺利，也需要清楚能够做到哪一步。我已经把"你做了吗？"这句话铭刻于心了，但那也只是发散思维的一个手段，也是本田先生的一个特点。

野中：这是在不断地提升可以到达的高度呢！

川本：确实如此，我们普通人如果发现能够进展顺利就罢手了，或者说进展不顺利也会马上结束了，但他会让你"再往前走一步"。例如，在比赛中只要正常发挥就可以夺冠，但却多次出现发动机中途嘟地跳了一次出了故障，不得不中途弃权的情况。因为这反而能将性能提升到极限，所以本田先生还是会讲"再往前走一步"。如果你对他说："哎呀，我们已经赢了，这样不是很好吗？"他就会对你说："笨蛋！比赛不仅仅是为了赢，给我试试看！"因此进一步继续做下去的话，就会超越极限，反而容易出现故障，我也曾多次感到很羞愧。

还有，我认为本田宗一郎先生的出发点在于制造出世上没有的东西。一般人都是"别处好像有这种东西，那么我们也做来试试看吧"，但宗一郎却是"别处好像有这种东西了，我们来制造别的吧"。他的想法就是尝试制造不存在的东西。我认为CVCC发动机也是老爹想出来的。关于技术上的细节我就先略去不讲了，总之，"由于大气污染较少的稀薄混合气在发动机中燃烧比较困难，那么制作可以减轻大气污染、量少但能充分燃烧的燃料，再用火将那些难以燃烧的物料都充分燃烧不就好了吗？"这个想法也是本田先生提出来的。

这应该是演绎吧。这一个得到了充分燃烧，另一个没有充分燃烧。那么，我们使用那个可以充分燃烧的东西不就行了吗？

对吧?

野中：与其说是演绎或者归纳，不如说是给人一种往旁边跳的感觉，或者是水平地跳跃，又或者是类推、类比。即使在纵向上演绎归纳行得通，但在横向上如果没有一定经验就无法跳。

川本：如果说经验的话，本田宗一郎先生是一个什么都要尝试做一下的人。从他既生产过魔芋食品，又制造过水泥便可看出。我觉得正因为如此，他才不会拘泥于某一种东西。

我从他那里获得了很多的启发。他经常讲"虽然教育和知识是有必要的，但在必要时刻有这些就行。重要的是通过自己的经验、通过实践得来的智慧""智慧才是你的东西"。"把从当前失败中获得的智慧运用到下次实践中，不必过多地考虑结果。想要培养智慧，就去做一些看起来不可能成功的事，那样或许会更好"，他经常讲这些话。

野中：教学生也是这样的。如果立马就让学生分析，确实能让学生对幻灯片产生完美的解释，但学生们有没有真正地进行过深入的思考呢？这些东西如果不亲身体验过是不可能真正掌握的。

川本：比赛就是战场，不管是什么事，先做到极限吧。总之，今天能做的事要在今天做完，即使是熬夜也要做完。在明天比赛时，要把发动机性能提高到极限，或许会毁坏失败，不过也没关系，现在就是最棒的结果，所以应该能进行最好的比赛，他曾这么说过。看到在比赛中没有获胜的队伍时，他会分析他们失败的原因。对手大概是这么想的：这种环行路线是怎样的路线，需要多少马力呢？然后想，只要能输出这么多马力就没问题。但是，这么想是无法取得胜利的，因为竞争对手也会做到这一步。我的经验是，胜负之差就在于选手是否不顾一切地、专心致志地投入进去，突破极限。

野中：真是充分利用时间呢。

川本：本田先生经常说的"充分利用时间"，在我看来是与不睡觉相关的。（笑）我自己当时也是每天熬夜，因为工作到半夜，时间就会翻倍，所以可以比别人多做一倍的事。简单计算一下，就会发现我这边更胜一筹，所以就会"马上去做"。在激烈的变化中，为了提高效率，需要简化、集中还有速度。想要成为世界第一，这些是必须要做到的。

野中：包括失败的经验在内，实验次数变得越来越少，这种倾向普遍存在，即经验值的下降。

川本：关于本田先生，接下来我想说的是他的审美能力也很强。关于美，他在车身设计方面也有自己的独到见解，我能感觉到他与所谓的工匠有很大的不同，所以他穿的衣服也都很时髦。

野中：大红的衬衫？

川本：对！比如说，有时候他会穿着漂亮的蓝色运动夹克衫来上班。我时常觉得他是一个时髦的大叔。说到底也不仅仅是因为他单纯的知识和智慧，他对各种事物都很感兴趣。也许每个人在一定程度上都会有些爱慕虚荣吧。不过，这也许是一件很重要的事情，因为从这里很可能会萌生出新的构思，还能把它们创造出来。做想做的事情，并享受这一过程。对了，宗一郎先生经常这么说："没有单人旁的家伙不行。"这是因为"働"（译者注：日语中该字是"工作"的意思）这个字是有单人旁的。你们这些家伙只是在"动"（译者注：日语中的"动"写作"動"）而已，员工们经常被这么说。"没有智慧的家伙，也没有单人旁。"（笑）

总觉得本田宗一郎先生给人一种父亲般的感觉，他不仅仅是一位伟大的创业者。我认为他说的话无论放到哪里，即使在全世界也是共通的。可以说他的思想是划时代的。

编辑部注——这个系列受访者有野中郁次郎（一桥大学研究生），远山亮子（北陆先端科学技术研究生大学），平田透（新潟国际信息大学），吉永崇史（北陆先端科学技术研究生大学）（以上受访者当时均在职),以及本田公司的负责人。准确地说,我们一共进行了10次采访,但第10次的采访旨在听取进入公司4～5年的年轻员工对现在的本田的看法,所以就没有收录在这本书中。

Ⅱ. 从本田夫人看本田宗一郎

我丈夫——宗一郎的简历
本田夫人

工作即兴趣的"明治人"

比起每日三餐,我丈夫更喜欢制造车,摩托车或四轮车。他觉得考虑车以外的问题都很烦,他从来没问过孩子们诸如"学习了吗""作业写了吗""考试怎么样了"之类的问题。不知道是不是因为相信我能打理好这个家,所以很放心地全都交给我了。

辞去社长一职后,他逐渐喜欢上画画和打高尔夫球,而在他的社长时代,可以说工作便是他的爱好。一心沉迷于工作的这种样子,不仅是我丈夫,在明治时代出生的企业人都有这个共同点。由于我是大正初年出生的,所以我们接受教育的方式差别并不是很大,我并没有觉得我丈夫的生活方式和想法很特殊。

每天晚上,我一定会把纸和铅笔放在他的枕边,把水倒入长颈玻璃瓶里,这是我每日的功课。在他因为担心工作而睡不着时,可以方便他及时把想到的东西记下来。总之,一天中不管是醒着还是睡着,他都在想着工作。

稳重的一面

关于吃饭,他对食材很挑剔,特别在意食材的新鲜度。

比如,我从医生那里听说"蚬对肝脏很好",便想赶紧吃起来。我跟我丈夫说了,他就开始讲:"不可以买在内陆有淤泥的地方捕获的蚬,据说北海道的还不错。"我便问附近的鱼贩"这个蚬是在哪里捕获的呀",鱼贩回答说"这是北海道产的",听后我便非常开心地买了一些。然后从那天开始的连续一两个月里,用蚬煮的大酱汤都出现在了饭桌上。即使他已经厌烦了,也绝对不会说出来,但每次都会剩一点。从他的举动我就能察觉到,"啊,他这是已经厌烦了吧"。

他还很喜欢苹果,不过只喜欢吃水果很新鲜的千疋店的苹果。

在我实在没有时间去千疋店,只能在别的店里买苹果时,他便会问我:"孩他妈,今天的苹果在哪买的呀?"(我丈夫喜欢叫我"孩他妈")我一边心里想着:"啊,又来了。"一边回答:

"在千疋店买的。"就这样瞬间撒了一个谎。"真敢说在千疋店买的,卖这种苹果会让这家店的名誉扫地的。""是吗?我下次会这么跟他们说的。"虽然我还在狡辩,但他好像从我的样子看出这不是在千疋店买的苹果。他舌头的敏锐度之高令人害怕得直冒冷汗。

还有这样一件事情。在去北海道时,我们偶然看见有人在苹果地里采摘苹果的情景。他对我说:"孩他妈,我去拜托那个人能不能卖我一个。"那人回答他说:"如果是一个,就送给你了。"他当场就吃了那个从别人那里得来的苹果,"这是刚摘下的苹果!这个味道最棒!"他感激地说着。对他来说,食材的新鲜度是最重要的,也是最让人开心的事情。

藤泽武夫先生来访时的回忆

众所周知,在公司的营业方面主要拜托给我丈夫的好伙伴、长年担任副社长的藤泽武夫先生。

我第一次见到藤泽先生是在战后不久的昭和二十三年,也就是本田技研成立那年。我记得应该是在暑气最盛的7月或8月,藤泽先生从东京来到我们在滨松的家。对我来说,当时的东京相当于现在的纽约,所以我很紧张,心里想:"哎呀,糟了!"

一是因为我们家年纪还很小的孩子们把我们家的拉窗弄破了。丈夫问我:"这拉窗的破洞,该怎么办。"我说:"那也没办法呀。就是想去买,也没有单独卖拉窗纸的,而且这是孩子们做的事情,我们也是没办法的啊。"孩子们好像也很伤心。已经上小学的长子不知道从哪里弄来了白色的纸,拼命地用白纸堵住破洞。"我们要接待一位从东京来的、重要的客人,不能让客人看到不体面的一幕,孩子们也能感受到自己的责任了。"丈夫亲切地说道。

二是该拿什么招待藤泽先生。在那个食物还很匮乏的时代,我们家的地只有300坪左右,眼下只有茄子、黄瓜、西红柿、卷心菜、白菜等蔬菜,小麦、芝麻、红薯、土豆等,这些都是自家种的粮食。孩子们还小,所以我还没办法外出购物,所以只能自给自足,我们吃的都是自己种的粮食。

丈夫说:"孩他妈,招待客人的饮食用咱们自家的东西就行。"但我不知道客人喜欢吃什么,"就算用自家的东西,我也不知道到底该做些什么好",根本没有头绪。恰巧这个时候,我家附近有一个可以进行物物交换的地方,我可以带着自家地里种的小麦去换些荞麦面、乌冬面。想到这,我便跟丈夫商量,他对我说:"啊,这也行,不用准备得太高档。"

我从时常背着海产品来卖的婆婆那里买了些鱼干和海带,用它们做了汤汁。藤泽先生大赞这个荞麦面"好吃,好吃",拜托我再来一碗。当时的情景,我永远都不会忘记。

走在时代前列的人

我丈夫是一位精力充沛、不断向前看的人,另外,还是一位可以预见未来的人。丈夫的很多想法,我都是在10年后才第一次明白。

昭和十年的某一天,我跟丈夫说我"想学算盘和练字",他回答道:"我觉得以后会出现计算机,文字也可以用机械来写,所以没有学习它们的必要",他预测到未来会出现现在被叫作电脑的东西。

另外,在昭和十九年,他看见我父母正在插秧,便讲道:

1989年进入美国汽车名人堂时,宗一郎与夫人一起

"这样工作真辛苦啊。不过,用机械种植水稻的日子马上就要到来啦!"

他当时说的话确实在10年、15年后变成了现实。在平时的生活中,这样的体验从没有断过。经常有人在背后讲"本田宗一郎是一个爱夸海口的人",但随着时间的流逝,我丈夫所说的事都一一实现了,所以我内心感到很惊讶,真的觉得很不可思议。

我认为这并不是别人教他的,而是他将自己长久以来的体验、积累的思考培育出来的直觉,进而预见未来。

"绝不允许公私不分"

我丈夫从静冈县的高等小学毕业后,便去当了学徒伙计。可能和这段经历有关吧,他最讨厌嫌贫爱富和歧视学历的人,或者把人分个三六九等的人。他是"绝不允许公私不分"的人。

我丈夫绝对不允许我们家里人因私事去使用公司的车,我的车也是我用自己的钱在附近的本田销售店里买的,他也不允许店里给我优惠降价。对孩子们也是一样的。女儿说:"爸爸,大家都觉得我的车是免费从爸爸公司要来的。怎么能这样,这些人好无聊。""那么,你就在车上写下'这是靠我自己能力买的'。"

他就是这样一个人。虽然大家都觉得他是社长,即使他公私不分，对员工有照顾不周的地方，也没人敢讲什么闲话，但他依然公私分明，并且要求家人朋友也这么做。

有"三岁看老"这么一说。在这本书（编辑部注——《我的手会说话》）的"渴望"一章里有详细记载：我丈夫小学时闻到的汽油和机油的味道，让他毕生难忘。那气味也是他人生的出发点，那份记忆一直流淌在他的生命中。

2003年，清风司翠记。

编辑部注——本田夫人部分的内容是在2003年由图表公司出版的《我的手会说话》（本田宗一郎著）一书中首次公开出现的。本书修改了标题，但也是按照它在《我的手会说话》中的顺序排版的。此外，本田夫人谈论本田宗一郎的相关报道很少，从文章的长度来看，本文恐怕是所有书中最长的。

Ⅲ. 本田宗一郎在公司内部的"班长研修"上的讲话

解说——野中郁次郎

在这本书中已经讲到过本田宗一郎是一位非常有魅力的人,并且拥有能吸引人的出色口才。那么,这些具体来说是什么呢?便是以下内容,这些都是非常宝贵的资料,所以本书才决定收录它们。

再次重申以下都是极其重要的文字记录。

第一,本田宗一郎的大多数语音记录都没有被保留下来。

第二,这些是在公司内部进行的讲话,而且是在以"班长"这种中坚阶层为对象的研修活动上讲的。

第三,这一讲话是在1961年10月进行的,本田宗一郎即将迎来55岁的生辰,他在这个年纪的身心、技术都正处于黄金时期。本田这个公司也在这一年的6月,在马恩岛"T·T比赛"中包揽了125CC组、250CC组的前五名,取得巨大胜利。翌年公布了新研发出来的四轮车，建成了铃鹿赛道，然后在 1963 年包下了京都的一个小镇来举办公司创立 15 周年的纪念活动，本田公司迎来了新的飞跃。因为是在这样的时代进行的公司内部研修活动，所以不难想象一向严肃认真的宗一郎也会变得更有气魄。

"班长"虽然不是现在常用的头衔，但从语感中可以把握其大致的形象。当时在制作所（工厂）最小的组织单位是"班"。小班有 10 人左右，大班有 40～50 人，而负责管理班内成员的就是"班长"。在 20 世纪 60 年代初，那个时代的本田已经有人在 22~23 岁时就当上了班长。根据当时公司内部报纸，我们可以了解到，其他公司的班长大都是 30~35 岁的人，而本田的班长，年轻的只有 23 岁，而且 70% 的员工都在 25 岁以下。

上述这番话直截了当地证明了该讲话是面向使本田实现飞越的"处于公司最前线的年轻领导人"进行的。之后，这些年轻人都背负起了本田的未来，成为公司的中坚力量。

这段讲话的录音时长约 45 分钟，开头是突然开始的谈话，好像并不是正式的录音，缺失了自我介绍和打招呼的部分。并且，我估计录音是被突然中断的，感觉最后的总结部分也没录进去。不过，重要的部分都被清楚地记录了下来，并且与其他讲话进行对比，会发现这是公司内部人的研修活动，所以说话方式相对比较轻松。因此,以巧妙著称的宗一郎流派的表演技艺,被更加充分地发挥出来。所以没有选择其他完整版的,而是选择了这个缺失版本。

从时代、场所等背景来推测,我感觉这个讲话恐怕是所有讲话中最接近完美的一个了。

⊙本田宗一郎的讲话⊙
建设没有规则的公司

大家辛苦了。我常常希望你们能够成为公司的中坚力量,能不辞辛苦地工作,然而像今天这样在密闭的空间里给大家讲话,实在是有些可怜。

自由这种东西是非常重要的。但是,没有规则的自由,并不是真正的自由。若说什么是真正的自由,那便是应该要有做人的规则。同理,公司里也需要有规则。而那规则便是实现公司的发展,公司是大家共同的工作场所,大家都靠工作吃饭,也为工作感到非常自豪,我想要打造的便是这样一个职场。正是出于这个最大的愿望,我提前制定了这些规则。即使这些规则是一种障碍,也一定要实施下去。

让我感触最深的是,在制定规则,并要求大家遵守规则之后,就会有一种任何事情都能做到的感觉,变成了一件非常了不起的事情。如果能在规则中行动的话,会觉得自己是最轻松的,因此那种不制定(规则)的运营方式是(不好的)。规则本身没有问题,但如果经营方式不好的话,公司就会出现各种问题。

充分运用规则是人类独有的智慧,然而人类却很难真正做到。各位接下来都要扮演领导的角色,会带领很多下属,所以要特别注意保持随机应变,也许这是件非常棘手的事情,但若说规则精神是为了什么,首先为了我们的幸福就是绝对条件,规则这种东西需要运营。

并不是说在规则下活动就非常轻松。规则之类的东西,就像蚊帐一样。因为夏天蚊子多,如果挂上了规则这个蚊帐的话,蚊子就咬不到人了。但挂上蚊帐后又会导致其他问题出现。如果没有规则,蚊子也不会咬人的话,那就太棒了。所以,换句话说,如果制定很多的规则,违反者也会很多,这和蚊子有很多是一样的道理。所以,说实话,在没有规则的情况下,如果能互相站在德义的基础上共事,这是最好的一种工作状态,这时候就显得没有规则会更好。

我们想成为那样的公司,没有规则的公司。我最讨厌因为法律去跟人打交道了,我觉得你们最好也不要因为法律去跟别人往来。到现在都没有跟法律扯上过关系的话,那么即使扯上关系也没影响,那也最好不要扯上法律跟人往来。但我并不是让你不要跟那些靠法律在世间行走的人交往,我只是觉得跟你讲道义进行交往的人,才是真正可以深交的人。世上也有一些在法律边缘行走的人,大家最好不要跟这些人交往。

虽然我们公司也有各种各样的限制,但是我希望你们一定要思考如何不使用限制。希望能靠大家接下来的领导,实现无限制。我们公司现在还需要有限制,所以拜托大家来考虑一下如何把限制从公司抹去。我希望能让大家在没有限制的环境下愉快地工作,这是第一件我想拜托大家一起完成的事情。

让世界知道本田公司

这次,我坐在飞机上,这儿那儿地到处转了很多国家,给我最大的感受是,我出国七八次了,但这次的旅行是最痛苦的。因为带上了我老婆,这真是痛苦中的痛苦。我之前和专务(藤泽武夫)一起去的时候也是如此。虽然我总是喜欢漂亮,但领口和袖口都很脏。因为我经常去工厂参观学习,所以没有办法,只能穿着尼龙的短袖,在旅馆里来来回回地洗领口。衣服脏了的时候,如果整件都洗就很费事,所以只洗脏了的地方,然后随便晾起来。欧洲大多数地方都位于干燥地带,所以洗完的衣服过两小时后就能晾干,晚上洗好后明天早上就可以接着穿了。有次回去的时候,发现衣服上从这一片到那一片都变得黑漆漆的，实在令人讨厌，我就跟专务说："这种时候，如果老婆在该多轻松啊！""那么，下次带着一起来不就行了。"就因为藤泽都这么说了，所以我觉得必须要带着老婆一起来，这也成为一件了不起的事。

首先，老婆要带的东西（比较多）必须要先拿出去，然后要先打开门。原本我想跟在日本那样，慢慢地一个一个运出来，不过一打开门就发现"啊，糟了"。门外有很多酒店人员在候着，在他们看来，就像我把妻子赶出去一样，但也不能把门关上不搬行李了，因为大家都在看着。然后大家就一脸"这是什么野蛮人种"的表情看着我俩。我老婆很痛苦，我也很痛苦。

这种事暂且不论，让我觉得最痛苦的是，无论走到哪里都有人认识（我）。如果是坐飞机，飞机上的空姐都认识我，机长也会过来问候。然后，在海关那里，工作人员一看到董事长·本田的护照，就会开始称赞我非常好、优秀工程师等。到旅馆，不管是男服务员还是谁，全都认识我。如果是去威尼斯，"董事长·本田来了"的消息一经发出，就连我常常入住哪个酒店这种事情也会出现在报纸上，真的是全世界都认识我。比起本国人，世界其他国家的人反而更知道我。

仔细想想这也不是没有道理的。发达国家的人为什么会将自己的国家称作发达国家呢？他们为什么会因此感到自豪呢？

若说发达国家的骄傲到底是什么,那便是由科学文明建立起来的,拥有我是世界第一的想法。因此,不管是在德国、意大利,还是英国,工资最高的一定是技术人员、工程师。所以,大家都很憧憬工程师这个职业。他们对科学文明感到骄傲,对由科学文明建立起来的发达国家感到自豪。而我们正是在他们会为之骄傲的领域(比赛)获胜了,他们因此受到了非常沉重的打击。我们对发达国家所谓的科学文明发起了挑战,并取得了完全的胜利,而这打击了他们的民族自豪感。这以上的冲击都是真实的。从那以后,几乎全欧洲都知道(我们)了。无论我们去哪里,大家都知道。反而在日本有很多人还不知道我们。日本人中基本上只有文化人知道我们。

因此,他们确实很尊敬我们。也正因为如此,我们的行动才被真正地限制了。到了酒店,按照之前的做法,我会直接乘坐电梯回自己卧室呼呼大睡,或者晚上出去玩,但是现在这些都不可以做了。就连酒店里的男服务员也会好好讲上好久"董事长·本田,优秀工程师"等夸奖的话,所以必须给他们小费。

我都快得"小费恐惧症"了。如果他帮你拿什么东西的话,你就必须给他们小费。虽然结果还是挺让人高兴的,但这就要我必须一直带着零钱,而且还要带很多的零钱,走路时还会响个不停。虽然零钱很重,不过我想让世界人知道日本经济已经发展很好了，这也是我的心灵的支柱。像脊柱那样支撑着我！这是非常美好的事情。

等大家去欧洲的时候，应该也会有这种感觉：一说起本田，没有人会不知道的。所以，并不只是当今的本田，大家都已经成为世界人物了，我们正处在世界关注的焦点。

全世界都在看着你们

没有名气的我们，从来都没有接受任何人的援助，全靠我们大家的全体意志将本田推向了世界第一。

因为在汽车制造的各个方面，我们都取得了胜利，所以所有人都瞪大眼睛看着我们。因此，我们公司做的事情经常会受到全世界的关注，也就是你们做的事情是摆在世界舞台上的事情，所以我们的思想不能仅仅局限在日本。

这些话或许有些多余，但是在不久前，我看了蒙扎的比赛。那个时候我一直在环视比赛现场，无意中发现在第五名时出现了我们的太阳旗。当我看到它的时候，在白底的中间配上一个红圆的太阳旗正在慢慢上升，这一幕深深地印在我的脑海里。去瑞典的时候也是如此。即使在瑞典，本田的产品也受到高度评价，在我们刚到那里时就特意把我们的太阳旗升起来了。

因此，我们必须要考虑的一件事是，到现在为止，我们的太阳旗只在纪元节之类的节假日升起。我总感觉在日本升太阳旗并不是出于自己的意愿（根据自己的意愿和想法）去升的。首先，最重要的是要爱自己。其次，要爱家庭、爱家乡。最后，要爱日本、爱世界。世界既不是日本的世界，也不是某个人的世界，而是全人类的世界，所以大家必须相互关爱。

总之，我们去外国的时候都会举着我们的国旗。那样的话，我们也成了世界的日本，成了世界的本田。所以，出于作为日本人的骄傲，我们要把公司旗和国旗举得一样高。我们爱日本，爱日本的家人，也爱作为日本一分子的自己，所以举起了我们的国旗。如果下次外国人来了，那就举起他们国家的国旗。这次我在国外深切地感受到，我们必须拥有这种程度的世界视野。

我感觉我们所有人都有同样的感受，我们的人也很热情地说："看到日本国旗，真的很开心。你们举起了我们的国旗，我们都非常开心。"所以，我们还是因为爱世界、爱日本、爱我们的同胞，所以才举起了国旗，我认为这一点做得很好。抱着这样的心情，我们已成为世界第一的工厂，所以我们需要有这样大的度量，需要以"我就是我"这种方式思考。我觉得这些我一说，大家就都明白了。去到国外，能够看见外国人为我们举起日本国旗，实在是太开心了。

年轻人为了未来而去学习

实际上我去办理出境手续的时候,是我们工厂第80个出国的人。之后,先去了阿根廷,后来跟随选手团又去了一次,农业机器的调查团也会跟着去。有很多人到国外去过,恐怕今年出过国的人数已超过了100人。这个数字出来之后,就被说"在所有日本企业中,一年间有那么多人出国的,除了本田没有别家了"。

而且,我们企业的特点是,去国外的人还都是年轻人。出一趟国可以遇见相当多的人,他们之间会聊一些有关"美元是谁赚"的话题。虽然用自己的钱,但必须换成美元,那么美元该有多赚钱,是谁在赚取外汇,这些都是他们必须要考虑的。即使我们再去100人以上,我们公司还是能保持收入的。在这一点上,我希望大家都能抱有高度的自豪感。这并不只是单纯地去外国走一趟,年轻人是为了未来前去学习的。

我们赚取美元,然后实现日本的繁荣,这是我们的欲望和野心。当然,仔细想来,那也是我自己的个人私欲,但我们的目的是完全不同的。从这一点来看,我们公司也有很大的发展前景。我觉得这是一件了不起的事。我想明年还会有更多更优秀的人出去深造。

我们目前正在思考的是生产制造农具。我觉得农具一定会大卖。正好我们的人有去过荷兰的,我想从明天开始讲解这方面的知识。摩托车领域已经是本田的天下了,骑着我们公司生产的摩托车的人,都会感到自豪。在德国也看到了好几辆我们的车。无论在哪里,都能看到我们公司摩托车的踪迹。英国也有,希腊也有。如果去了希腊,希腊人都会非常诚恳地拜托我一定要在他们国家建设本田工厂。他们国家会出资,本田这边也会出资,双方开始合作建设工厂,这样的事情也是有的。

我想这个消息大家可能都已经知道了,就是在阿根廷,我们也即将建设工厂,现在正在协商当中。我们也想在中国台湾建设一个组合式工厂,现在也正在准备中。

无论如何都要看看世界

我在这次旅行中的另一个感受是:预计欧洲将建立欧洲共同体。所谓的比、荷、卢三国,德国还有意大利,欧洲大陆的经济到目前为止都很分散。他们想要先把经济合在一起。然而,我觉得欧洲国家并不会只筹建一个所谓的经济体,我感觉他们会在不久之后实现政治一体化。

一旦建立起欧洲共同体,下次我们再想进入这个共同体就会变得非常困难了,不能再像现在这样自由出口到欧洲。但是,比起现在四分五裂的局面,我觉得欧洲在一体化之后会实现进一步的发展。这对我们来说是非常重要的事情,我现在深切地感受到:我们无论如何都要在欧洲建设我们的工厂。

所以,我去安特卫普视察,然后还去了荷兰,去了很多国家,最后我还是觉得荷兰是最合适的。我跟专务讲了之后,专务对我说"我也这么认为",所以我们现在开始调研荷兰。不久后,荷兰那边也同意我们去建设工厂。

在这期间,西班牙也想让我们在他们国家建设工厂。在这样的情况下,有很多欧洲国家来邀请我们,这也是生意,所以我们不能不假思索地马上就答应他们的邀请,必须要充分调研对方的情况以及各种各样的状况才能做决定,所以不能把事情想得过于简单。这样的事情以前从没有在日本发生过,但现在就有几个生意是关于本田摩托车的,这让我觉得这是一件了不起的事。我希望大家的想法不要仅仅局限于铃鹿就是铃鹿,东京就是东京,埼玉就是埼玉,我希望大家能从世界的角度去思考。此时,我们必须要转换方向,而且我认为这个时机已经到来了。

作为自由人,作为世界人

其实在这段时间,最不靠谱的难道不是我们的董事吗?我对此很生气。班长教育之类的话是无稽之谈,这种东西放在最后谈就行。首先我们应该改变的是董事(的视野)。树立全球视野这种事，首先应该是董事带头去做的。然后不管是部长还是科长，都认为本田已经成为世界第一了，不管面对什么都抱着狭窄片面的思维方式去办事，这是很荒谬的。其间我也狠狠痛斥过这一现象，因为我们现在还没有变成世界企业。尽管我们还没有成为世界企业，但我们可以互相切磋，进一步学习。反正，我是这么觉得的。

所以，我今天对大家说的话，并不一定都是好听的话。通过到目前为止我的所见所闻，我想让大家认识到我们在世界的位置。然后，董事就是董事，今后让他们好好学习，我也一样。同时，希望大家也能从不断学习的观点出发，不是从现在的本田出发，也不拘泥于前面讲的一个规定、规则，再次作为自由人，作为世界人去考虑我们的未来。

我们公司的基本方针中最重要的一条就是"树立全球视野"。这一项基本方针是很久之前制定的，当时我还被一些人嘲笑了。本田当时只有1000人左右，还陷入了经营危机，而就在陷入危机时，竟然还提出什么"树立全球视野"之类大言不惭的话，本田的专务和社长都爱吹牛皮。

不过，若说这个世界视野具体指的是什么，故意使用"世界"这个词，就是想让大家再次思考世界是什么。这既不是我们去英国后再思考的东西，也不是我们去美国后再思考的，在日本思考就足够了。不管是在日本,还是穿越了哪个国界,跨越种族,无论何时、何人在何地,都必须这样思考,这就是世界视野。我希望大家成为那种能提出被世界各国人民广为接受的理论的人,这也是我目标中的世界视野应有的作用。这种理论应该像真理一样。

这么做的关键在于需认识到我们是企业。而对企业来说,并不是可以赚钱的就去做,不赚钱就不做。更重要的是,像我常说的,首先通过企业这个媒介去思索世界上的人会如何思考。并不只局限于日本人会如何思考。要思考世界上的人怎样才会接受我们的政策,欢迎我们?我们所做的事,如何能让世界上所有的人都表示欢迎?生意很复杂,或许会不受欢迎,但那是另一回事,我们并不是去思考什么是能够受到所有人欢迎的事情。我出台这样的政策,便是站在全球视野去考虑的。说起全球视野,大家想到的都是地理条件,但我想提倡的是思想上的世界视野。

你们已经成为中坚阶层了,所以我希望你们一定要让你们的下属思考这个问题。绝不能停步不前,停止思考。如果有理论指导的话,首要的先决条件是判断这个理论是否正确。如果不这样做,就不能真正做到作为世界人的交往。

规则可有可无

在这里，我认为最重要的是，在摩托车界，我们已经成为世界第一了。虽说已经成为第一，但生意终归是生意，不能就此放松警惕。但是，我希望大家成为那种能提出被世界各国人民广为接受的理论的人。

大家都有自己的下属，有10人的，也有20人的，甚至更多。自己的员工把工作搞砸了，旁边的人在大动肝火，但我认为即使搞砸了也没关系，因为他是在做我给他安排的工作，所以觉得没关系。做我分配下去的工作就已经足够了，这是我非常认可，也非常钦佩的领导的特质。

从横向来看时，大概是出于对人的关怀，那我们就稍微帮助一下下属，让他们信服我们。那么，这会怎么样呢？这并不仅仅是单纯的命令，而是让大家都接受这种做法，然后让大家都这么做。我在此次旅行中深切地感受到：这些都是成为世界人非常重要的第一步。

我前几天斥责董事，如果仅仅因为符合规则，就用"这样做很好"的想法来思考，是最危险的。即使不符合规则也没关系，只要大家都方便工作，这也是最好的状态。规则这种东西是由人制定的，大家认为是神制定规则的这种想法简直荒唐。如果你这么想的话，那你一辈子都没有什么发展前途了。如果规则不适用，就应该不断地改善。

你们也一样。如果发现规则不适用，请提出申请进行改善，然后你们自己修改。不管怎么说，规则都是比较老套的东西，这种东西绝对不会自己前进。在过去的世界历史上，规则总是后到的。为了杜绝一些事故再次发生，就会制定这样或那样的规则。规则这种东西，它不会比人类生活发展得更快。所以，如果偏执地固守规则的话，只会停滞不前，注定会失败。

但是，这也不等于提倡你们违反规则。为了让不好的东西立即改掉，希望大家能一起努力。"因为规则是这样，所以就该如此"的想法一定要舍弃。如果那么想的话，绝对成不了世界人。今后我们都要好好学习，科长也必须要学习。首先必须要进一步学习的是董事，我绝对不是只让你们学习。我跟你们保证，只要你们肯一起学习，我们就一定比你们学得更多。

正处在国内生产稳定之时

我们去看了在蒙扎的两场比赛，看到我们这边活力满满。这些年轻的同志们在陌生的土地上，以充满民族自豪感的姿态去比赛，这让我欣喜不已。他们在这里一点也不自卑，自信自在地和各国人交谈。最有趣的是，在蒙扎的比赛场上，一个选手竟然来到我身边跟我说：他们社长命令他一定要坐一下咱们公司的赛车。我是这么回答的:"不好意思。虽然我也是社长,但是我们公司的赛车事宜都是交由教练负责的。所以,你去找我们教练商量吧。我也会跟教练沟通,但如何决定是教练的自由。你也跟教练说一声吧。"(他)以一副快要哭的样子跟教练讲了一小时。当时的情景大概就是这样,大家都想坐一下我们公司的产品,十分受欢迎,这是一件很棒的事。不过,我们还是必须要小心啊!古语有云"胜不骄",我们今后会继续前进。虽然小型摩托车确实有些落后,但今年我们依然会推出它。明年也许会推出卡车,但现在还不知道是卡车还是汽车,但我已经在准备推出了。

我一路看了很多汽车比赛。我在看汽车比赛时,会想这种程度的发动机,以我们的力量都可以轻松做到。但是,并不是以我自己的力量做到的。如果没有大家的协助,是不可能完成的,1500CC的发动机只能有180马力。结果,每升只输出120马力。但是,我们的赛车手平均每升能输出185马力。这么一来,他们输出的马力非常低。所以,我才会说那种程度的马力输出,可以交给我们来完成。

之后,我便开始思考我们公司也要生产四轮车。然而,一旦开始做的话,还是必须要保证生产的稳定。这次的赛车手也是从研究所中选出来的。如果觉得研究所(中)挑出的人不行就大错特错了。我们研究所的年轻人,就站在我们对面,堂堂正正地与对手交流,之后也毫不退缩地完成了比赛。我可以安心地把比赛交给他们。至于国内的生产,也是大家一起完成的。如果我们能证明我们可以制造出能出口的优秀产品,这就能成功。

如果这不行,恐怕做出什么样的好车也是行不通的。如果我们担心顾虑,那对手就会拿出12分精神去工作。在这种意义上,就并不仅仅是选手个人战胜了对手。大家都是在国内做生产,在国内工作的人。正因为国内发展很稳定,所以选手们才能取得胜利。

生存指的是什么?喜悦又是什么?

我们也终于挺进了生产四轮汽车的行列。世界上的四轮汽车,制造规模最大的可以说是福特汽车所属的美国通用汽车公司。美国通用汽车公司拥有能将整个日本买下的雄厚资产,而我们就是要和这样的一个对手竞争。

大家觉得如何?我觉得很难,但同时这也是一件令人愉快的事,没有比这更值得去做的买卖了吧?和能够买下整个日本的企业切磋,难道不是一件非常了不起的事情吗?虽然我不是很懂古汉语,但这也可以说是"男人之志不过如此"了吧?如果在日本能够做成这件事,当真是了不起的。这件了不起的事必须要交给大家去做,你们可能会为此劳筋伤骨、耗费心神,但这又有何不可,而且并非反反复复总是如此,这正是我们做这件事有意义的地方。

接下来,大家先想一想我们为什么要活着。人类是为了什么而活的呢?也许是因为讨厌死亡所以才活着的。如果是这个原因的话,我想我有话要对你们说。我相信在我们这里工作的每个人,没有谁是怀抱着这样的心情的。

当然,大家也都是想要存下些钱的。但是,如果我们只是想着存钱的话,我们是不可能把公司做大的。(我想)我们是要过上某种值得夸耀的生活的,大家也都很想挣钱,这是很重要的事。但是,比这更重要的是,我们是世界第一,我们帮助了别人,我们给人们带来了喜悦,税金也比别人缴得多。当然,缴税是很痛苦的事情,虽然痛苦,但我们缴的税是推动许多国家政策出台来帮助了贫困者的基础,这样想不是很好吗?和那些没有缴过税的人相比,我们更应该感到自豪。从这点上来说,我们可是缴了大量税金、对社会有贡献的劳动者。在我们的同行中,恐怕没有像我们这样缴过这么多税的。听说你们的工资很高,所以你们也是要缴大量的税的。这样看来,你们都是非常了不起的人,比起没有缴税的人更加了不起。

你所获得的快乐一般是和你能带给别人多少快乐成正比的。如果你给人们传递了很多快乐，那么我想你自己也会得到快乐的。可惜有的时候你给别人带去了快乐，但是对方却把你的恩情遗忘而没有任何报答，这样看来还是做被带去快乐的一方更好，但我们绝不能这么想。因为如果是那样的话，传递快乐就变成了买卖，变成了交易，像是交换物品来获得金钱。我希望你们首先能明白，我们给他人带去的快乐绝不是商业交易。

　　前些日子，我听到有人抱怨另一个人说："我那么照顾他，结果他总是一声不吭，连个招呼也不打。"我希望我们厂里不会再有人有这样的想法。做了某件事，你在做的过程就是快乐的，而一个人只要自己获得了快乐，便已足够了。除此之外，难道你还想奢求些什么吗？报不报恩取决于对方，而自己是不能够去要求别人的。我们不能期待别人会报恩。比如，有个人摔倒了，我们马上上前扶他站起来，对方跟我们说谢谢表达了谢意。我们会觉得"啊，真高兴啊"，这其实就已经足够了。并不是因为那个人，自己才获得了快乐。如果你仍想着别人能够报恩，是很难收获单纯的快乐的。我希望你们不要有这种厚脸皮的想法，怀抱着这种想法的人是不能成为一个真正的世界人而有所作为的。

　　在我的记忆中，我从没有期待过别人能够回报我，也从没有过这样的想法。我常说的一句话就是，要给予就痛痛快快地给予，然后自己也因为对方获得了快乐而感到快乐，这样就很好了。因此，我常觉得工资要多给一些，我自己也是想多拿点工资的，每个人都会这么想，所以多发些工资多好，大家都开心。但是如果企业因为多发工资出现亏损的话，大家就无法拿到工资了，这样大家自然会理解我们规定的工资数额。

所以说，如果公司的经营维持不下去，也是很令人头疼的一件事。公司是大家共有的，只是有一项需要重点把握好，那就是公平分配的问题。因此，不是说多发工资就可以了，就算工资给得再多，分配不公平也是不行的。公平的分配是我很想强调的一点。

以上就是我想要跟大家说的。因为公平的分配、人类的价值之类的事只有神明才知道，所以我们从来没有听说过的自然是不会知道的，况且有些事情即使是神明，也有可能不知道。但是，从人类的角度去考虑的话，我们能够做到的就是用尽一切可行的办法把所有的事情公平地完成。这时，你们的下属平时的看法就变得非常重要了。他们的想法层层上报汇总起来，就是大家的共识的一个基础。（编者注：录音到这里终断。）

"企业家本田宗一郎"简略年表

公历	和历	年龄	相关事项	社会状况
1906年	明治三十九年	1	11月17日,在静冈县磐田郡光明村出生。	3月31日《铁路国有法》公布。
1910年	明治四十三年	3	藤泽武夫在东京都文京区出生。	8月22日签署《韩国合并条约》。
1913年	大正二年	6	4月,入学光明村立山东普通小学。	10月6日本政府承认"中华民国"。
1919年	大正八年	12	4月,入学二俣町立普通高等小学。	1月18日巴黎和会。
1922年	大正十一年	15	3月,自二俣町立普通高等小学毕业。4月进入东京本乡区的艺术商会。	2月6日华盛顿海军裁军条约。
1928年	昭和三年	21	4月,创办艺术商会滨松分店,后发展为工厂。	4月10日设立日本工商会议所。
1935年	昭和十年	28	11月20日,与阿幸结婚。	8.3国体明证声明发表。
1936年	昭和十一年	29	8月,成立东海精机重工业股份公司。	2月26日2·26事件。
1945年	昭和二十年	38	9月,将东海精机的股票转让给丰田,人类停工宣言。	8月15日昭和天皇本人声音的广播。
1946年	昭和二十一年	39	10月,本田技术研究所在滨松创立。	11月3日本宪法公布。

公历	和历	年龄	相关事项	社会状况
1947年	昭和二十二年	40	11月，A型自行车用辅助发动机的生产开始。	5月3日本宪法实施。
1948年	昭和二十三年	41	9月24日，本田技研工业股份公司成立。	11月12日远东国际军事法庭判决。
1949年	昭和二十四年	42	8月，安装有D型发动机的梦幻号发售。10月藤泽武夫作为常务董事进入公司。	4月23日1美元=360日元，决定汇率。
1950年	昭和二十五年	43	3月开办东京营业所，进军东京。	6月25日朝鲜战争爆发。
1951年	昭和二十六年	44	7月，梦幻号E型在箱根试跑成功。	9月8日旧金山条约。
1952年	昭和二十七年	45	4月，将公司总部转移到东京。获得蓝绶奖章。10月，决定购买4.5亿日元的进口工作机械设备。	8月13日本加入国际货币基金组织（IMF）。
1953年	昭和二十八年	46	6月，工会成立。	2月1日NHK开始电视广播。
1954年	昭和二十九年	47	3月，宣布参加"马恩岛T·T大赛"。6月，为了参加"马恩岛T·T大赛"及进行欧洲视察，远赴欧洲。10月，设立"马恩岛T·T大赛"推进总部。	7月1日创建陆海空自卫队。
1956年	昭和三十一年	49	1月，制定公司的基本方针。	10月19日签署《日苏共同宣言》。
1957年	昭和三十二年	50	6月，在埼玉制作所内成立技术研究所。12月，在东京证券交易所上市。	这一年，开始持续萧条。
1958年	昭和三十三年	51	7月，超级小狼发布。	4月5日长岛茂雄以4次三击不中出道。

公历	和历	年龄	相关事项	社会状况
1959年	昭和三十四年	52	6月，在美国洛杉矶成立美国·本田6月，首次参加"马恩岛T·T比赛"，在125CC组获得企业团队奖。	这一年，岩户景气。
1960年	昭和三十五年	53	4月，铃鹿工厂成立。 7月，技术研究所分离独立，成立股份公司本田技术研究所。	9月5日池田首相，公布收入倍增政策。
1961年	昭和三十六年	54	5月，通产省发布汽车行政基本方针。 6月，在"马恩岛T·T比赛"中包揽了125 CC组、250CC组的前五名。	1月20日美国总统肯尼迪上台。
1962年	昭和三十七年	55	6月，公布S360、T360。 9月，铃鹿赛道完成。	10月5日甲壳虫乐队出道。
1963年	昭和三十八年	56	9月，在京都举行成立15周年纪念活动。	11月22日肯尼迪总统遇刺事件。
1964年	昭和三十九年	57	1月，宣布参加F1世界锦标赛。 4月，藤泽武夫就任副社长。 7月，全国各地开始建设SF（服务·工厂）。 8月，F1首次参加德国·汽车大奖赛。	10月10日举办东京奥林匹克运动会。
1965年	昭和四十年	58	10月，F1在墨西哥·汽车大奖赛获得首次胜利。	4月1日第一架国产客机首航。
1966年	昭和四十一年	59	9月，世界GP史上首次五个项目全问鼎 10月，公布轻型轿车N360。	12月27日众议院因贪污腐败等解散。
1967年	昭和四十二年	60	2月，N360发售后，便夺得5月轻型车月销售量首位。 9月，F1获得意大利·大奖赛冠军。 10月，铃鹿制作所四轮工厂开工。	3月6日日本航空的环游世界一周路线开始通航。

公历	和历	年龄	相关事项	社会状况
1969年	昭和四十四年	62	6月，发生N360缺陷车骚乱。 8月，藤泽武夫与久米是志等在热海进行会谈，此时，出现"水冷·空冷争论"。	1月18日—1月19日东大安田讲堂事件。
1971年	昭和四十六年	64	2月，宣布低公害发动机——CVCC的开发成功。 4月，辞去本田技术研究所社长职务。	8月15日尼克松冲击。
1972年	昭和四十七年	65	10月，正式公布低公害发动机CVCC的全貌。	6月11日田中角荣公布"日本列岛改造论"。
1973年	昭和四十八年	66	10月，本田宗一郎和藤泽武夫二人一起离任，成为董事最高顾问。河岛喜好就任第二代社长。 12月，CVCC发动机符合马斯基条例的相关规定。同丰田工业签订了为其提供CVCC发动机的合同。	10月第一次石油危机。
1981年	昭和五十六年	74	4月，获得瑞宝章勋一等奖。	1月20日美国总统里根上台。
1983年	昭和五十八年	76	1月，宣布时隔15年重返F1世界锦标赛。 10月，久米是志本田就任第3代社长。	7月15日任天堂在日本发售电视游戏机。
1985年	昭和六十年	78	8月，东京南青山的本田青山大厦竣工，总部转移到这里。	9月22日G5签订广场协议。
1988年	昭和六十三年	81	12月30日，藤泽武夫与世长辞，享年78岁。	6月，利库路德事件。
1989年	平成元年	82	10月，日本人的名字首次出现在美国汽车名人堂	1月7日昭和天皇驾崩，改元平成。
1990年	平成二年	83	6月，川彦就任本田公司第4代社长。	10月15日戈尔巴乔夫总统获得诺贝尔和平奖。

公历	和历	年龄	相关事项	社会状况
1991年	平成三年	84	8月5日,与世长辞。12月,获得FIA(国际汽车联合会)金牌。	4月1日牛肉、橙子自由化。10月24日美国股票市场大暴跌。

※ 本年谱以本田技研工业股份公司的公司史《想要继续讲述的事情——挑战的50年》的"年表·资料版"为基础制作而成。关于年月的诸多说法以该年表的日期优先。

※ 关于年龄,"相关事项"的时间是按照本田宗一郎的足岁来记录。

写在PHP经营丛书"日本的企业家"系列发行之际

　　本套丛书介绍了像日本明治时期的涩泽荣一那样优秀的几位企业家。他们将日本商业在中世纪和近代的奋斗精神发扬光大，引领了近代的发展。日本在昭和时期饱受战争之苦，此后能快速复兴正是因为这些企业家的不懈努力。他们团结和领导人们，为实现社会富裕作出了杰出的贡献。1946年（昭和二十一年）11月创立本公司的松下幸之助就是其中的一人。他一方面励精图治致力于经营事业，另一方面又以"人乃万物之灵"为理念，通过本公司的各种活动向世人展示了繁荣、和平、幸福的美好愿景。

　　我们秉持着尊敬这些创时代的企业家的态度，汲取他们的人生智慧。在了解这些优秀企业家之后，通过他们的人生经历和经营历史一定会获得现实性的启示。秉承这种信念，为纪念公司创立70周年，决定发行PHP经营系列丛书。在策划本套丛书时，首先选取了活跃在日本近现代，重视经营理念的企业家们，一人做成一卷。松下幸之助以展现言微旨远的寓意为初衷，将宣传图标设计为两匹头部相对，在天空翱翔的飞马，给人以尊重个体、旨在和谐的印象。"以史为鉴可知战略，洞察人心"——基于史实和研究成果所撰写的本套丛书如蒙钟爱，我们将不胜欣喜。

株式会社 PHP 研究所

2016 年 11 月